LEANDRO FDEZ. DE MORATÍN

EL SÍ DE LAS NIÑAS

EDICIÓN, INTRODUCCIÓN, NOTAS, COMENTARIOS
Y APÉNDICE

MARÍA TERESA BARBADILLO

Biblioteca Didáctica Anaya

Dirección de la colección: Antonio Basanta Reyes.
Diseño de interiores y cubierta: Antonio Tello.
Dibujos: Mario Lacoma.
Ilustración de cubierta: Javier Serrano Pérez.

Í N D I C E

INTRODUCCIÓN

*Retrato de
Leandro
Fernández de
Moratín
(1760-1828), por
Goya. (Academia
de San Fernando.
Madrid.)*

ÉPOCA

Panorama histórico

La vida de Leandro Fernández de Moratín (1760-
1828) transcurre durante los mandatos de Carlos III,
Carlos IV, José I y Fernando VII.

Bajo el reinado de Carlos III (1759-1788), España se
vio envuelta en guerras con Marruecos, Portugal y
Gran Bretaña; con esta última se libraron dos con-
tiendas con desigual fortuna: en la primera, perdimos
Florida y obtuvimos la cesión de una parte de Loui-
siana; en la segunda, recuperamos Menorca y la Florida.

El reinado de Carlos III fue próspero en reformas ur-
banísticas y en él se fomentaron el comercio, la agri-
cultura, la industria, la educación... Hecho clave de

este período fue la expulsión de los jesuitas, acaecida
en 1767, en un intento de subordinar la autoridad
eclesiástica a la civil.

Con Carlos IV (1788-1808) España pierde cuanto había ganado con el monarca anterior. El rey, sometido
a los dictados de su mujer y, más tarde, a los del favo-
rito de ésta, Manuel Godoy, declara la guerra a Francia, cerrada con una estrepitosa derrota de los ejérci-
tos españoles, que se hará patente en la firma de la
Paz de Basilea (1795). Aún más grave fue el desastre
de Trafalgar (1805), en que España, como consecuen-
cia de una absurda alianza con Francia, lucha contra
Inglaterra y ve cómo es aniquilada su armada. La
conspiración de Fernando VII y el motín de Aranjuez
(1808), obligan a Carlos IV a abdicar en favor de su
hijo, pidiendo más tarde el auxilio de Napoleón. Éste,
viendo el momento oportuno de intervenir en España, obliga a Fernando VII a renunciar a la corona e
impone en el trono a su hermano, José I. El pueblo
español se levanta contra esta decisión y el 2 de mayo
de 1808 se produce en Madrid un levantamiento popular que luego se extendió a la totalidad de la nación, dando lugar a la guerra de la Independencia.

La contienda finaliza en 1814 y Fernando VII vuelve
a España. Este rey impone nuevamente la monarquía
absoluta, aunque, en 1820, se ve obligado a restable-
cer la Constitución. Poco durará tal situación, pues en
1823, y, con ayuda del ejército francés, consigue derri-
bar las Cortes. Su despotismo propició la pérdida del
imperio colonial hispanoamericano y se evidencia
con la promulgación de una pragmática según la cual
su hija Isabel, en detrimento de don Carlos, hermano
del rey, heredaría el trono. De este modo, tan nefasto
reinado culminó con una guerra civil.

Las frecuentes relaciones con Francia originan el na-
cimiento de los afrancesados. Este término, que ad-

La guerra de la Independencia, iniciada en 1808 y finalizada en 1814, acabó con la invasión napoleónica en España.

quiere ya un sentido peyorativo a mediados del siglo XVIII, define a aquellos españoles que actúan como colaboracionistas en la guerra de la Independencia e, igualmente, a los intelectuales influidos por las ideas francesas. Unos y otros esperan que continúe la política franco-española iniciada por los Borbones y, aunque creen en la conveniencia de reformas políticas y sociales, no quieren dejar paso libre a todas las pretensiones revolucionarias. Su peso en la historia española del XVIII será muy notable.

Situación social

En este período se experimenta un notable crecimiento demográfico, llegándose a los doce millones de habitantes, cantidad muy importante, máxime si se tienen en cuenta los estragos que entre la población sembraban la mortandad infantil, las epidemias y las sucesivas olas de hambre.

La mayor parte de España vivía bajo un régimen señorial, hasta el extremo de que eran minoría los municipios de realengo. Los señores solían ser nobles o gentes enriquecidas, que recibían rentas en dinero y en frutos, y que arrendaban los oficios públicos. Existían además los señoríos eclesiásticos, generalmente más prósperos y menos apremiantes en las exigencias.

A pesar de que España era un país de base campesina, había otras ocupaciones, como las artes mecánicas y los oficios manuales, pero éstos no eran socialmente apreciados. Para combatir tal prejuicio, Floridablanca declaró en 1783 que todos los trabajos eran honorables.

El número de mendigos era elevadísimo, ya que muchos eran pobres fingidos. Se advierte además un empuje creciente del funcionariado, para reforzar la centralización administrativa. La burguesía ilustrada ansía una regeneración económica, mediante la intervención el Estado.

Es éste un siglo preocupado por la educación. Jovellanos pretende que se haga obligatoria la enseñanza primaria. Las sociedades económicas se interesan también por la difusión de la cultura, y promocionan los experimentos agrícolas y la formación profesional. Por su parte, las juntas de comercio impulsan los estudios técnicos y náuticos. Como contrapartida, muchos nobles desprecian la cultura y se aplebeyan.

El pueblo, cuando puede, se divierte en las fiestas campestres, jugando a los bolos, a la pelota o a los naipes. El teatro y los toros se encuentran más bien en las ciudades. Otro tanto sucede con los bailes de disfraces y máscaras, los de salón y las tertulias.

Tertulias las hubo en celdas de religiosos, como Feijoo o Sarmiento; más mundanas, como las de la duquesa de Alba o la condesa de Benavente; o en los recién estrenados cafés, a partir del último cuarto de siglo. Con todo, la más famosa posiblemente fuera la de la Fonda de San Sebastián, a la que acudían —para hablar de literatura, de amor o de toros— Nicolás Fernández de Moratín, Cadalso e Iriarte.

Las corridas de toros, a pesar de la opinión de algunos intelectuales de la época, siguieron siendo un espectáculo popular de primer orden.

Las corridas de toros gozaron de gran éxito desde 1740, aunque sufrieron los ataques de Feijoo, Jovellanos, Meléndez Valdés, Cadalso, etc., para quienes éstas favorecen la ociosidad, alientan un instinto bárbaro y afectan a la cría del ganado.

Las comedias preferidas por el público de la época eran las de santos, las mitológicas y las de magia, por la complejidad de su puesta en escena. No siempre, por consiguiente, se cumplía el deseo de Jovellanos —manifestado en su *Memoria sobre los espectáculos*— de que el teatro sirviera de instrucción, y no sólo de deleite popular.

Como actor destacó el gran Isidoro Máiquez, que interpretaba con realismo y apasionamiento. Y entre las actrices recordemos a *La Tirana,* que fue la actriz predilecta del público madrileño durante más de diez años en la segunda mitad del siglo. Se interesó por la propiedad escénica, por el vestuario y el decorado. Por su picardía en escena, hemos de mencionar a la bella granadina *La Caramba,* y, como actriz intuitiva —a pesar de que no se estudiaba mucho los papeles—, a la malagueña Rita Luna, reina del teatro de la Cruz más de quince años.

El teatro no solamente se reducía a las ciudades. Compañías de cómicos ambulantes popularizaron este género en toda España. (Cómicos ambulantes, *de Goya).*

Aportaciones culturales

En este siglo, sensible y crítico, se piensa que con la cultura vendrá la felicidad y, como es una tarea tan esperada para conseguir una nueva España, la corona debe colaborar activamente.

En esa línea se crean instituciones como la Real Academia Española de la Lengua (1713), la Real Academia de la Historia (1738), el Observatorio Astronómico, el Jardín Botánico, la Academia de Bellas Artes, la Escuela de Caminos y Canales, e incluso una Academia de Ciencias (para la que se construyó el edificio que hoy es Museo del Prado).

Se contratan científicos extranjeros (más bien vinieron figuras de segundo orden) o se beca a españoles que vayan a formarse al extranjero (Francia, Inglaterra, Suecia, Alemania o Hungría son los destinos más frecuentados).

Progresan la botánica y la química. Algunos estudiosos tienen gabinetes de historia natural, herbarios o laboratorios de química.

En medicina sobresalen Andrés Piquer y Gaspar Casal, que fueron médicos de cámara, y se impulsaron los estudios de pediatría, cirugía, anatomía y neuropsiquiatría.

En la época de Scarlatti, Boccherini y Beethoven, en España tenemos al compositor y organista P. Antonio Soler. En escultura, a Salzillo; y en pintura, al genial Francisco de Goya.

En arquitectura, Sabatini, Ventura Rodríguez y Villanueva hacen de Madrid una ciudad diferente. Se levanta el actual Palacio Real, se edifican las Reales Academias, la Puerta de Alcalá, el Museo del Prado, el oratorio del Caballero de Gracia, y se instalan fuentes como la de Cibeles o Neptuno.

En un momento en que se perfecciona la calidad de impresión, la Academia de la Lengua lleva a término publicaciones como el *Diccionario de Autoridades* (1726-39), en el que cada palabra se apoya en citas de escritores que la habían utilizado; la *Ortografía* (1741); y la *Gramática* (1771). Ha nacido el español moderno y se censuran los excesos postbarrocos: los adornos, el tono sentencioso, los juegos de palabras. Se prefiere la claridad, la sencillez. Se introducen galicismos tales como «detalle», «interesante», «chaqueta», «intriga», «pantalón», «hotel», «croqueta» o «merengue». Se incorporan también algunos italianismos, especialmente de vocabulario musical. Y se piensa que el conocimiento de otras lenguas favorecerá el buen entendimiento entre los pueblos.

Se creyó en ese momento que con la razón podría comprenderse todo el universo, y a partir de ahí, se pone en tela de juicio todo el saber tradicional. Se opta por una filosofía experimentalista y esencialmente razonadora, y se pretende que las doctrinas pasen a ser leyes que consigan reformar las costumbres.

El movimiento neoclásico identificó la sociedad perfecta con el ideal clásico griego, principalmente. Los viajes que efectuaron algunas personas interesadas permitieron conocer mejor las maravillas del arte helénico, imitado parcialmente por los romanos. Se descubren Pompeya y Herculano, la civilización etrusca y el legado egipcio. El mismo Napoleón favoreció la vuelta al estilo griego en muebles y vestuario femenino, como si las apariencias pudieran hacer brotar las antiguas virtudes y saberes. Se propugna, pues, el culto a la antigüedad y a la naturaleza, el deísmo —adoración del Ser Supremo—, el laicismo, el materialismo económico y la moralidad pública.

LITERATURA

Literatura neoclásica

En el panorama español de la Ilustración tuvo una importancia significativa la *Poética* (1737), de Ignacio de Luzán. Escribe este tratado con un sentido patriótico y desde una posición racionalista de lucha contra el mal gusto. En los dos primeros libros se refiere al origen de la naturaleza y utilidad de la poesía; en el tercero se ocupa del teatro poético, y en el cuarto, de la épica.

La imitación del ideal clásico es característica del Neoclasicismo. (Las ruinas de Pompeya en 1748.)

Para él la poesía es imitación de la naturaleza para deleite y utilidad de los hombres; por consiguiente, su belleza debe basarse en la verosimilitud y la claridad. Desde los antiguos hasta los poetas barrocos, ilustra con ejemplos el proceso creativo de obras literarias, y a partir de ahí, establece una serie de reglas. No obstante, él mismo reconoce la dificultad que entraña el cumplimiento de tales normativas.

A partir de la *Poética* de Luzán, se abre un debate sobre el teatro que dura más de sesenta años. Reformistas y defensores de la tradición dramática española se enfrentan en una dura polémica. Esta no es sino reflejo del espíritu de progreso de la época y del intento de la Ilustración por oponerse a la cultura barroca, que ellos juzgaban como obstáculo para la renovación. El teatro, por otra parte, era un vehículo de educación y propagación de las nuevas ideas ilustradas, que no podía desaprovecharse.

La pintura de tipos y costumbres populares sigue estando presente en el teatro costumbrista de la época.

El nuevo código teatral, defendido por los reformistas, se basaba en:

— la lucha por la verosimilitud, frente a la fantasía desbordante que imperaba en los seguidores del teatro clásico español;

— el ataque al confusionismo que imperaba en tales

obras (multitud de espacios, tiempos, personajes, acciones...);

— la defensa de la unidad de acción, lugar y tiempo.

Pero tales intenciones no se vieron logradas. Le faltaron a este teatro autores de relevancia que dieran prestigio a los nuevos modelos, pues la maestría indudable de Leandro Fernández de Moratín resultó, a todas luces, insuficiente.

*En el teatro, hallan los autores neoclásicos un medio de crítica de los vicios sociales. La boda por conveniencia será uno de sus temas preferidos. (*La boda, *de Goya.)*

Autores y obras de esta época, dignos de mención, son: Nicolás Fernández de Moratín *(La petimetra);* García de la Huerta *(Raquel);* Jovellanos *(Pelayo, El delincuente honrado);* Tomás de Iriarte *(El señorito mimado, La señorita malcriada).* En el teatro menor destacan los sainetes de don Ramón de la Cruz *(La pradera de San Isidro, La maja majada, Las segadoras de Vallecas, Los bandos del Avapiés),* y, entre los seguidores de Lope y Calderón, Antonio de Zamora y José de Cañizares.

No es el XVIII un siglo fértil para la novela, pero sí para la prosa ensayística. El padre Feijoo (1676-1764) tuvo un gran éxito editorial con su *Teatro crítico universal*. En él trató de dar a conocer el progreso de las ciencias y de despertar las conciencias y las mentes con sus consideraciones críticas sobre muy diversos temas. Como incitaba a dudar, suscitó numerosas polémicas, a pesar de su tono moderado y liberal.

La figura intelectual más destacada de la época de Carlos IV fue el ya citado Gaspar Melchor de Jovellanos (1744-1811), gran político y jurista, que escribió informes, discursos, elogios y diarios, en una prosa rica y apasionada. Sus obras más importantes son su *Informe sobre la Ley Agraria* (1794) y la *Memoria sobre espectáculos públicos* (1796).

José Cadalso, militar de profesión, fallecido en 1782, además de dramaturgo y poeta lírico, es autor de una obra epistolar, con toques de ironía, en donde se critican el carácter y las costumbres de los españoles, al tiempo que se analizan algunas causas de su decadencia y se ponderan nuestra historia y nuestra literatura de siglos anteriores: las *Cartas Marruecas*.

En el ámbito de la producción poética, suele hablarse de las escuelas salmantina y sevillana, con figuras como Meléndez Valdés, Quintana y Gallego, por una parte, y Lista, por otra. Además del tema amoroso, tratan asuntos políticos, sociales y filosóficos.

Nicolás Fernández de Moratín consigue magníficos romances inspirados, en parte, en otros tradicionales. Los fabulistas Iriarte y Samaniego nos sorprenden con incursiones en la poesía erótica, y Cadalso pasa del tema satírico, al anacreóntico, al filosófico de corte horaciano y al estoicismo prerromántico, con cierta tendencia a dramatizar en exceso.

AUTOR

Biografía de Moratín

El autor de *El sí de las niñas* nació en Madrid el año 1760, y fue bautizado en la parroquia de San Sebastián con los nombres de Leandro, Antonio, Eulogio y Melitón. Sus padres, Isidora Cabo y el abogado y escritor Nicolás Fernández de Moratín, tuvieron después tres hijos más —Miguel, María y Facundo—, que murieron prematuramente.

Leandro Fernández de Moratín nació en Madrid el año 1760. (Vista de la calle de Alcalá.)

Respecto al barrio donde pasó la primera fase de su vida, el propio Leandro nos dirá: «Estaba lleno de criados, de empleados en las secretarías, de dependientes, de cómicos y de músicos de teatro: entre esta gente nací yo.»

Y de sus primeros años de vida cuenta lo siguiente:
«Era yo el embeleso de mi familia: mi hermosura,
mis gracias y mi talento natural me tenían siempre al
lado de mis abuelos; allí comía, allí dormía cuasi habi-
tualmente (...) Jugar y hablar con mi abuelo, e ir con
él por las tardes a la huerta de Jesús, eran mis principales ocupaciones.»

A la edad de cuatro años tuvo la viruela, que afectó a
su físico e influyó negativamente en su carácter, pues
se hizo más retraído: «Quedé feo, pelón, colorado, débil, caprichoso, llorón, impaciente, tan distinto del
que antes era, que no parecía el mismo.»

De los años en que fue estudiante guardó algunos re-
cuerdos de sus profesores y poco más: «Salí de la escuela sin haber adquirido (...) ninguna amistad (...) ni
supe jugar al trompo, ni a la taba, ni a la rayuela, ni a
las aleluyas.»

Aunque no fue a la universidad, fue un gran lector,
beneficiado por el ambiente literario en que se mo-
vía su padre. Entre sus preferencias estaba la obra de
Pérez de Hita, *Guerras civiles de Granada,* que le inspi-
rará precisamente su romance sobre la conquista de
Granada, eco de aquel que comienza «Cercada está
Santa Fe...»

Cuando la familia se traslada a vivir a la calle de Fomento, se enamora de Sabina Conti, una joven ado-
lescente, hija de una familia amiga, que vivía en el
piso de arriba de la misma casa. Leandro tenía entonces unos veinte años. Pero, casi de improviso, por
conveniencias familiares, Sabina contrae matrimonio
con un pariente suyo mucho mayor que ella. Posiblemente esta anécdota dolorosa la utilizará Moratín
para algunas de sus comedias: *El tutor* —que des-
truyó—, *El viejo y la niña* y *El sí de las niñas.*

Era buen dibujante, y —aunque se truncó la idea de perfeccionarse en Italia al lado de Mengs— esta aptitud le sirvió más tarde para trabajar en el taller de joyería que regentaba su tío.

Jovellanos, valedor de Leandro. Fernández de Moratín en varias ocasiones, es una de las figuras más relevantes del siglo XVIII.

Cuando, a los cuarenta y dos años, fallece su padre (1780), su sueldo como diseñador de joyas difícilmente les permite vivir a él y a su madre. A la muerte de ésta, en 1785, Leandro Fernández de Moratín se fue a vivir con su tío, cerca de la Joyería Real, donde trabajaban ambos.

Protegido por Jovellanos, consigue la plaza de secretario de Cabarrús, a quien acompaña en su visita diplomática a París en 1787.

Cuando regresa, al caer en desgracia el conde, piensa en dedicarse a la literatura, pero —para poder vivir— acepta un beneficio eclesiástico —obtenido por mediación de Floridablanca—, lo cual le obliga a tomar órdenes menores en 1789. Al año siguiente Godoy le consigue otra renta más sustanciosa de la parroquia de Montoro (Córdoba) y una pensión del obispado de Oviedo, que luego perdería.

Entre los años 1792 y 1796, gracias a la ayuda de Godoy, viaja por Francia —donde queda impresionado por la violencia revolucionaria—, Inglaterra —cuyos habitantes considera orgullosos y de cuya lengua opina que «es infernal, y casi pierdo las esperanzas de aprenderla»—, Alemania —en donde le llama la atención lo mucho que fuman—, Suiza —la del paisaje apacible—, e Italia, país en el que permanecerá casi tres años, admirando sus ciudades y su ambiente artístico.

La violencia revolucionaria causó una honda impresión en Moratín, quien viajó por Francia entre los años 1792 y 1796.

En 1797 toma posesión del puesto de secretario de Interpretación de Lenguas, obtenido de nuevo por el favor de Godoy.

Un año después, en 1798, conoce a Paquita Muñoz, quien vivía con sus padres en la calle de Silva. En el *Diario* y en el *Epistolario* de Moratín queda constancia de la estrecha relación que mantiene con esta familia. Sale con ella de paseo, van al teatro o a ver a los ahorcados, y le hace algunos regalos, como un abanico o unos pendientes. Con treinta y ocho años, Leandro no se decidió a proponerle matrimonio, se distancia su trato en 1807, y al poco tiempo ella —que es bastante más joven que él— se casa con un militar de cincuenta y cinco años, con el que no fue muy feliz al parecer. A Paquita Muñoz, con la que conservaría siempre una buena amistad, confiaría el retrato pintado por Goya cuando Moratín tenía treinta y nueve años.

Admirador del padre Feijoo, cultiva la amistad de Forner, Cea Bermúdez y Quintana, por citar nombres bien conocidos. No obstante, Leandro será una personalidad más bien esquiva al trato social.

En 1799 es elegido miembro de la junta para la reforma de los teatros; recordemos que su padre se preocupó por este tema, que contó con el apoyo del aragonés conde de Aranda. Pero cuando más tarde le nombran director de Teatros, renuncia.

En tiempos de José Bonaparte figura como bibliotecario mayor —o sea, el equivalente al director— de la Biblioteca Real, y también como consejero público de varias juntas.

En el verano de 1812, cuando su seguridad corre peligro en Madrid, enfermo y con poco dinero, se dirige a Valencia.

Al cabo de un tiempo se marcha a Peñíscola (1813),
donde sufrió el asedio de las tropas españolas. De allí
irá a Barcelona (1814). En esas circunstancias recibe
su correspondencia a nombre de Melitón Fernández,
Joseph Sol o Francisco Chiner. En las cartas nos in-
forma de cómo transcurren sus días: «Yo sigo haciendo aquí la vida tonta, sin otra diversión que la de leer
un rato por la mañana, pasear una hora por la tarde
y clavarme a la luneta (butaca del teatro) por la noche.» Por otra parte, se siente a gusto en ese clima,
bebe naranjada o cerveza, hace fiestas a su perra, y se
defiende con la lengua vernácula: «Hablo en catalán
con aullido perruno que no hay más que pedir.»

En 1817 sale hacia Montpellier, París y Bolonia. Re-
gresará tres años más tarde, tras el triunfo de Riego,
pero vuelve a abandonar Barcelona en 1821, cuando
se declara la peste.

Tras el triunfo de Riego, Moratín regresó a España. (Proclamación de la Constitución de 1812 en Madrid.)

Reside luego en Bayona y Burdeos, donde trata con frecuencia a Goya. En ese tiempo escribe cartas con más amargura que nostalgia. Reveladores de su estado de ánimo ante los avatares políticos y su caída en desgracia son estos versos del soneto *La despedida:*

> «Dócil, veraz, de muchos ofendido,
> de ninguno ofensor, las Musas bellas
> mi pasión fueron, el honor mi guía.
> Pero si así las leyes atropellas,
> si para ti los méritos han sido
> culpas; adiós, ingrata patria mía.»

Finalmente se trasladará a París (1827), repuesto parcialmente del ataque de apoplejía que le sobrevino a finales de 1823 y que le dejó muy mermado en movilidad. Cerca del fin de sus días comenta en una carta: «Nadie viene a verme, porque yo no voy a ver a nadie, y los placeres del teatro que yo disfruto se reducen a ver los títulos de las piezas que se echan, en la lista que ponen los diarios.»

Aquejado de cáncer de estómago, como Napoleón, muere a los sesenta y ocho años en la noche del 20 al 21 de junio de 1828. Fue enterrado en el cementerio de Père Lachaise, cerca de Molière y de La Fontaine.

Su obra literaria

Aunque el nombre de Leandro Fernández de Moratín lo asociamos a la comedia neoclásica, no se reduce a ella su producción literaria. Se inició en la república de las letras con poemas como *La toma de Granada por los Reyes Católicos don Fernando y doña Isabel* — romance endecasílabo que en 1779 logró el accésit en un concurso de la Real Academia de la Lengua—, y su *Lección poética. Sátira sobre los vicios introducidos en la poesía castellana*, en tercetos endecasílabos, que sería segundo premio tres años después.

Moratín hijo nos ha dejado aproximadamente un centenar de composiciones poéticas, entre las que hay nueve epístolas, doce odas, veintidós sonetos, nueve romances, una elegía, diecisiete epigramas y varias traducciones de Horacio.

Maneja notablemente, tanto el verso de arte menor —de cinco, seis, siete u ocho sílabas—, como de arte mayor —de diez, once, doce o trece sílabas—, pero utiliza principalmente octosílabos y endecasílabos. En cuanto a estrofas, además del romance —empleado para *El barón, La mojigata* y *El viejo y la niña*— y del soneto, cultivó la décima, la silva, las septinas aliradas, los pareados, las series monorrimas sueltas y otras.

Quizá su poema más logrado sea el dedicado *A las musas*, pero cabe recordar otros como los que dirige *A la memoria de Nicolás Fernández de Moratín, A don Gaspar de Jovellanos, A don Francisco de Goya, insigne pintor. A Rosinda, histrionisa*, o al ridículo *Claudio*.

Pero sus mejores contribuciones a nuestra literatura dieciochesca están en prosa: el breve relato burlesco de *La derrota de los pedantes* (1789), en el que hace intervenir personajes mitológicos —como Apolo o Mercurio— y de nuestra historia literaria —Garcilaso o Luzán, por ejemplo— para poner de manifiesto el lamentable estado de la literatura de su tiempo y la victoria final de los verdaderos poetas; *La comedia nueva o el café* (1792) y *El sí de las niñas* (1805); el *Discurso histórico sobre los orígenes del teatro español* (1806-1807), ensayo en el que hace una revisión crítica desde las más tempranas manifestaciones hasta el siglo XVI, y reproduce algunos textos que corrige según su personal criterio; su *Diario* (1780-1782) y (1792-1808), escrito frecuentemente con abreviaturas y

El teatro es la labor más importante en el quehacer literario de Moratín (Escena de una comedia, de A. Juliá.)

mezclando de una forma muy simple términos de otras lenguas («Ego malucho», «Paquita and mother, ici», etc.), y en donde nos da cuenta de sus gastos de lotería, carbón, alquiler, teatro, etc., de sus encuentros con meretrices o de sus visitas a «La Fontana de Oro»; conservamos también bastantes cartas dirigidas a familiares, amigos y protectores, y unas impresiones de su estancia en otros países: *Apuntaciones sueltas de Inglaterra y Viaje a Italia,* con noticias sobre arquitectura, vida literaria, costumbres, etc.; en 1812 publica la transcripción de un breve *Auto de fe* celebrado en Logroño el año 1610, acompañada de notas aclaratorias; en prosa están asimismo las traducciones de *Hamlet* (1798), de Shakespeare; *La escuela de los maridos* (1814) y *El médico a palos* (1814), de Molière, y el *Cándido* (1838), de Voltaire; finalmente, un *Catálogo de las piezas dramáticas publicadas en España desde el principio del siglo XVIII hasta la presente época* (1825) y una serie de comentarios sobre escritores clásicos o contemporáneos, en donde vierte sus personales ideas sobre el género teatral.

CUESTIONES

➤ *¿Durante qué reinados transcurre la vida de Moratín?*

➤ *¿Cuáles son las condiciones de vida de la sociedad en la época de Moratín?*

➤ *¿En qué consistió el neoclasicismo?*

➤ *¿Cuáles son las contribuciones más importantes de la cultura de este siglo?*

➤ *¿Qué temas se cultivan en la literatura del siglo XVIII?*

➤ *¿Cómo era el teatro en el siglo XVIII?*

➤ *¿Cuáles son las principales etapas de la vida de Leandro Fernández de Moratín?*

➤ *¿En qué consiste su aportación a la literatura española?*

CRITERIO DE ESTA EDICIÓN

Seguimos en la presente edición el texto de *El sí de las niñas* que aparece en el tomo segundo de las *Obras dramáticas y líricas* de Leandro Fernández de Moratín, editadas en París el año 1825. Hemos manejado el ejemplar conservado en la Biblioteca Nacional de Madrid (R-2.572), que lleva correcciones autógrafas del autor.

Para lo que se refiere a puntuación y acentuación, adoptamos la normativa académica hoy en vigor.

EL SÍ DE LAS NIÑAS

Éstas son las seguridades que
dan los padres y los tutores, y
esto lo que se debe fiar en el sí
de las niñas▼.

ACTO III, escena 13.

▼ Palabras de don Diego, el esposo concertado para la joven doña Francisca, que
sirven de aviso moral y que muestran, engarzado en el texto, el título de la comedia.

ADVERTENCIA

El sí de las niñas se representó en el teatro de la Cruz el día 24 de enero de 1806, y si puede dudarse cuál sea entre las comedias del autor la más estimable, no cabe duda en que ésta ha sido la que el público español recibió con mayo-res aplausos. Duraron sus primeras representaciones veinte y seis[1] días consecutivos hasta que, llegada la cuaresma, se cerraron los teatros como era costumbre. Mientras el público de Madrid acudía a verla, ya se representaba por los cómicos de las provincias▼, y una culta reu-

5

10

[1] Este numeral cardinal puede escribirse también veintiséis.

▼ Otras ciudades importantes entonces, desde el punto de vista del teatro, eran Barcelona, Valencia y Cádiz.

nión de personas ilustres e inteligentes se antici-
paba en Zaragoza a ejecutarla en un teatro particular, mereciendo por el acierto de su desem-
15   peño la aprobación de cuantos fueron admiti-
dos a oírla. Entre tanto, se repetían las ediciones de esta obra: cuatro se hicieron en Madrid durante el año de 1806, y todas fueron necesarias para satisfacer la común curiosidad de
20   leerla, excitada por las representaciones del teatro.

¡Cuánta debió ser entonces la indignación de
los que no gustan de la ajena celebridad, de los
que ganan la vida buscando defectos en todo lo
25   que otros hacen, de los que escriben comedias
sin conocer el arte de escribirlas▼, y de los que
no quieren ver descubiertos en la escena vicios
y errores tan funestos[1bis] a la sociedad como favo-   [1bis] Desfavorables.
rables a sus privados intereses! La aprobación
30   pública reprimió los ímpetus de los críticos foli-
cularios[2]: nada imprimieron contra esta come-   [2] Escritores de folletos
dia, y la multitud de exámenes, notas, adverten-   o periódicos (en tono
cias y observaciones a que dio ocasión, igual-   despectivo).
mente que las contestaciones y defensas que se
35   hicieron de ella, todo quedó manuscrito. Por
consiguiente, no podían bastar estos imperfec-
tos desahogos a satisfacer la animosidad[3] de los   [3] Hostilidad.
émulos[4] del autor, ni el encono[5] de los que re-   [4] Rivales, imitadores.
sisten a toda ilustración y se obstinan en perpe-
40   turar las tinieblas de la ignorancia. Éstos acudie-   [5] Aborrecimiento.
ron al modo más cómodo, más pronto y más
eficaz, y si no lograron el resultado que espera-
ban, no hay que atribuirlo a su poca diligencia.

▼ Moratín los ridiculizó en su obra *La comedia nueva o el café,* que se estrenó en
1792.

⁶Acusaciones, denuncias.

Fueron muchas las delaciones⁶ que se hicieron de esta comedia al tribunal de la Inquisición ▼. Los calificadores tuvieron no poco que hacer en examinarlas y fijar su opinión acerca de los pasajes citados como reprensibles; y, en efecto, no era pequeña dificultad hallarlos tales en una obra en que no existe ni una sola proposición opuesta al dogma ni a la moral cristiana▼▼.

Un ministro, cuya principal obligación era la de favorecer los buenos estudios, hablaba el lenguaje de los fanáticos más feroces, y anunciaba la ruina del autor de *El sí de las niñas* como la de un delincuente merecedor de grave castigo. Tales son los obstáculos que han impedido frecuentemente en España el progreso rápido de las luces, y esta oposición poderosa han tenido que temer los que han dedicado en ella su aplicación y su talento a la indagación de verdades útiles y al fomento y esplendor de la literatura y de las artes. Sin embargo, la tempestad que amenazaba se disipó a la presencia del Príncipe de la Paz⁷; su respeto contuvo el furor de los ignorantes y malvados hipócritas que, no atreviéndose por entonces a moverse, remitieron⁸ su venganza para ocasión más favorable.

⁷Manuel Godoy (1767-1851), gobernante del reinado de Carlos IV, que recibió este sobrenombre a raíz de la Paz de Basilea (1795).

⁸Dejaron, pospusieron.

⁹Con rivalidad.

En cuanto a la ejecución de esta pieza, basta decir que los actores se esmeraron a porfía⁹ en acreditarla y que sólo excedieron al mérito de los demás los papeles de doña Irene, doña Fran-

45

50

55

60

65

70

▼ Escrita al parecer esta obra en 1800, fue prohibida por la Inquisición en 1815.

▼▼ Si acaso, cabe hablar de una cierta crítica de la devoción que se come los santos —Rita en I, 2—, y de los nombres de religiosas y clérigos de la familia de doña Irene (I, 3).

75 cisca y don Diego. En el primero se distinguió
María Ribera, por la inimitable naturalidad y
gracia cómica con que supo hacerle. Josefa Virg
rivalizó con ella en el suyo, y Andrés Prieto,
nuevo entonces en los teatros de Madrid, adqui-
rió el concepto de actor inteligente que hoy re-
tiene todavía con general aceptación.

PERSONAS

DON DIEGO	RITA
DON CARLOS	SIMÓN
DOÑA IRENE	CALAMOCHA
DOÑA FRANCISCA	

La escena es en una posada de Alcalá de Henares.

El teatro representa una sala de paso con cuatro puertas de habitaciones para huéspedes, nu-
meradas todas. Una más grande en el foro[1],
con escalera que conduce al piso bajo de la
casa. Venta de antepecho[2] a un lado. Una mesa
en medio, con banco, sillas, etc.

*La acción empieza a las siete de la tarde y acaba a las
cinco de la mañana siguiente*▼.

[1] Parte del fondo del escenario.

[2] Baranda para poderse asomar sin peligro de caerse.

▼ Moratín mantiene, pues, la unidad de tiempo, tal como propugnaban los precep-
tistas neoclásicos.

ACTO I

ESCENA PRIMERA

DON DIEGO, SIMÓN

(Sale don Diego de su cuarto; Simón, que está sentado en una silla, se levanta.)

DON DIEGO: ¿No han venido todavía?

SIMÓN: No, señor.

DON DIEGO: Despacio la han tomado, por cierto.

SIMÓN: Como su tía la quiere tanto, según parece, y no la ha visto desde que la llevaron a Guadalajara...

DON DIEGO: Sí. Yo no digo que no la viese, pero con media hora de visita y cuatro lágrimas▼ estaba concluido.

SIMÓN: Ello también ha sido extraña determinación la de estarse usted dos días enteros sin salir de la posada. Cansa el leer, cansa el dormir... Y, sobre todo, cansa la mugre del cuarto, las sillas desvencijadas, las estampas[3] del hijo pródigo, el ruido de campanillas y cascabeles, y la conversación ronca de carromateros y patanes, que no permiten un instante de quietud▼▼.

DON DIEGO: Ha sido conveniente el hacerlo así. Aquí me conocen todos, y no he querido que nadie me vea.

[3]Láminas.

───────────────────────────────

▼ Tópico de las despedidas, y más especialmente entre mujeres.

▼▼ Las condiciones «hoteleras» de la época no se parecían al confort actual. No obstante, deficiencias de higiene y de paz persisten todavía en muchos casos. También Calamocha (I, 7) se lamentará de la posada.

SIMÓN: Yo no alcanzo la causa de tanto retiro. Pues ¿hay más en esto que haber acompañado usted a doña Irene hasta Guadalajara para sacar del convento ▾ a la niña y volvernos con ellas a Madrid? 25

DON DIEGO: Sí, hombre; algo más hay de lo que has visto.

SIMÓN: Adelante.

DON DIEGO: Algo, algo... Ello tú al cabo lo has 30 de saber, y no puede tardarse mucho... Mira, Simón, por Dios te encargo que no lo digas... Tú eres hombre de bien, y me has servido muchos años con fidelidad ▾▾... Ya ves que hemos sacado a esa niña del convento y nos 35 la llevamos a Madrid.

SIMÓN: Sí, señor.

DON DIEGO: Pues bien... Pero te vuelvo a encargar que a nadie lo descubras.

SIMÓN: Bien está, señor. Jamás he gustado de 40 chismes.

DON DIEGO: Ya lo sé, por eso quiero fiarme de ti. Yo, la verdad, nunca había visto a tal doña Paquita ▾▾ ▾; pero mediante la amistad con su

||||||||||||||||||||||||||||||||||||||||||||||||||||||||||||||||||||||||||||||||||||||||||||||||||||||||||||||||||||||

▾ No es que la hayan raptado o que la hayan obligado a renunciar a una vocación religiosa, sino que ha estado allí educándose. Doña Irene se refiere a este internado en I, 4 y en II, 5.

▾▾ El criado confidente es un tópico en las tramas teatrales, pudiendo adoptar distintas variantes. Algo parecido vemos luego en Calamocha y don Carlos, Rita y doña Francisca.

▾▾▾ Don Diego la llama así en II, 5; y III, 7 y 11. Más adelante, simplemente Paquita (II, 5; III, 8, 12 y 13). Como doña Paquita también la denominan: Simón (I, 1), Calamocha (I, 8), Rita (I, 8), doña Irene (II, 4) y don Carlos (III, 10).

45   madre he tenido frecuentes noticias de ella;
        he leído muchas de las cartas que escribía; he
        visto algunas de su tía la monja, con quien ha
        vivido en Guadalajara; en suma, he tenido
        cuantos informes pudiera desear acerca de
50   sus inclinaciones y su conducta. Ya he logra-
        do verla; he procurado observarla en estos
        pocos días, y, a decir verdad, cuantos elogios
        hicieron de ella me parecen escasos.

        SIMÓN: Sí, por cierto... Es muy linda y...

55   DON DIEGO: Es muy linda, muy graciosa, muy
        humilde... Y sobre todo, ¡aquel candor, aque-
        lla inocencia! Vamos, es de lo que no se en-
        cuentra por ahí... Y talento... Sí, señor, mu-
        cho talento... Conque▼, para acabar de infor-
60   marte, lo que yo he pensado es...

        SIMÓN: No hay que decírmelo.

        DON DIEGO: ¿No? ¿Por qué?

        SIMÓN: Porque ya lo adivino. Y me parece exce-
        lente idea.

65   DON DIEGO: ¿Qué dices?

        SIMÓN: Excelente.

        DON DIEGO: ¿Conque al instante has conoci-
        do?...

        SIMÓN: ¿Pues no es claro?... ¡Vaya!... Dígole a us-
70   ted que me parece muy buena boda. Buena,
        buena.

▼ Moratín emplea abundantemente esta conjunción ilativa o consecutiva. Obsérvalo
tú mismo a partir de ahora.

DON DIEGO: Sí, señor... Yo lo he mirado bien, y lo tengo por cosa muy acertada.

SIMÓN: Seguro que sí.

DON DIEGO: Pero quiero absolutamente que no se sepa hasta que esté hecho.   75

SIMÓN: Y en eso hace usted bien.

DON DIEGO: Porque no todos ven las cosas de una manera, y no faltaría quien murmurase, y dijese que era una locura, y me...   80

SIMÓN: ¿Locura? ¡Buena locura!... ¿Con una chica como ésa, eh?

DON DIEGO: Pues ya ves tú. Ella es una pobre▼... Eso así... Pero yo no he buscado dinero, que dineros tengo; he buscado modestia, recogimiento, virtud.   85

SIMÓN: Eso es lo principal... Y, sobre todo, lo que usted tiene ¿para quién ha de ser?

DON DIEGO: Dices bien... ¿Y sabes tú lo que es una mujer aprovechada, hacendosa, que sepa cuidar de la casa, economizar, estar en todo?... Siempre lidiando con amas, que si una es mala, otra es peor, regalonas[4], entremetidas, habladoras, llenas de histérico[5], viejas, feas como demonios... No, señor; vida nueva. Tendré quien me asista con amor y fidelidad, y viviremos como unos santos ▼▼... Y deja que hablen y murmuren y...   90   95

[4] Comodonas y caprichosas.

[5] Excitación nerviosa.

▼   La desigualdad de fortuna de los prometidos se encuentra en muchas historias de amor. A esta circunstancia aluden también: doña Irene (I, 3; II, 2; y III, 11), doña Francisca (II, 5), y don Carlos (II, 9; III, 10).

▼▼ No es extraño que éste fuera el régimen matrimonial, dada la edad del novio.

SIMÓN: Pero siendo a gusto de entrambos, ¿qué
100   pueden decir?

DON DIEGO: No, yo ya sé lo que dirán; pero... Dirán que la boda es desigual, que no hay pro-
porción en la edad▼, que...

SIMÓN: Vamos, que no me parece tan notable la
105   diferencia. Siete u ocho años a lo más...

DON DIEGO: ¡Qué, hombre! ¿Qué hablas de siete
u ocho años? Si ella ha cumplido dieciséis
años pocos meses ha.

SIMÓN: Y bien, ¿qué?

110 DON DIEGO: Y yo, aunque gracias a Dios estoy
robusto y... Con todo eso, mis cincuenta y
nueve años no hay quien me los quite.

SIMÓN: Pero si yo no hablo de eso.

DON DIEGO: Pues, ¿de qué hablas?

115 SIMÓN: Decía que... Vamos, o usted no acaba de
explicarse, o yo lo entiendo al revés... En
suma, esta doña Paquita, ¿con quién se casa?

DON DIEGO: ¿Ahora estamos ahí? Conmigo.

SIMÓN: ¿Con usted?

120 DON DIEGO: Conmigo.

SIMÓN: ¡Medrados quedamos[6]!

DON DIEGO: ¿Qué dices?... Vamos, ¿qué?...

[6] ¡Estamos buenos! (para
expresar disgusto por
algo inesperado).

SIMÓN: ¡Y pensaba yo haber adivinado!

DON DIEGO: Pues, ¿qué creías? ¿Para quién juz-
125   gaste que la destinaba yo?

▼ Ello implicaba, además, la previsible ausencia de hijos en uniones de este estilo.

SIMÓN: Para don Carlos, su sobrino de usted, mozo de talento, instruido, excelente soldado, amabilísimo por todas sus circunstancias... Para ese juzgué que se guardaba la tal niña. 130

DON DIEGO: Pues no, señor.

SIMÓN: Pues bien está.

DON DIEGO: ¡Mire usted qué idea! ¡Con el otro la había de ir a casar!... No, señor; que estudie sus matemáticas. 135

SIMÓN: Ya las estudia; o, por mejor decir, ya las enseña▼.

DON DIEGO: Que se haga hombre de valor y...

SIMÓN: ¡Valor! ¿Todavía pide usted más valor a un oficial que en la última guerra, con muy 140 pocos que se atrevieron a seguirle, tomo dos baterías[7], clavó[8] los cañones, hizo algunos prisioneros y volvió al campo lleno de heridas y cubierto de sangre?... Pues bien satisfecho quedó usted entonces del valor de su so 145 brino; y yo le vi a usted más de cuatro veces llorar de alegría cuando el rey le premió con el grado de teniente coronel[9] y una cruz de Alcántara.

DON DIEGO: Sí, señor; todo es verdad; pero no 150 viene a cuento. Yo soy el que me caso.

SIMÓN: Si está usted bien seguro de que ella le quiere, si no le asusta la diferencia de la edad, si su elección es libre ▼▼...

[7] Unidades tácticas del arma de artillería.

[8] Introdujo por los fogones unos clavos o hierros para inutilizarlos.

[9] Jefe militar.

▼ Como oficial del ejército que es.

▼▼ Simón expone aquí una de las claves del conflicto.

155 DON DIEGO: Pues, ¿no ha de serlo?... ¿Y qué sa-
      carían con engañarme? Ya ves tú la religiosa
      de Guadalajara si es mujer de juicio; ésta de
      Alcalá, aunque no la conozco, sé que es una
      señora de excelentes prendas; mira tú si
160 doña Irene querrá el bien de su hija; pues to-
      das ellas me han dado cuantas seguridades
      puedo apetecer... La criada, que la ha servido
      en Madrid y más de cuatro años en el con-
      vento, se hace lenguas[10] de ella: y sobre todo
165 me ha informado de que jamás observó en
      esta criatura la más remota inclinación a nin-
      guno de los pocos hombres que ha podido
      ver en aquel encierro▼. Bordar, coser, leer li-
      bros devotos, oír misa y correr por la huerta
170 detrás de las mariposas, y echar agua en los
      agujeros de las hormigas, éstas han sido su
      ocupación y sus diversiones... ¿Qué dices▼▼?

     SIMÓN: Yo nada, señor.

     DON DIEGO: Y no pienses tú que, a pesar de tan-
      tas seguridades▼▼▼, no aprovecho las ocasio-
      nes que se presentan para ir ganando su
      amistad y su confianza, y lograr que se expli-
      que conmigo en absoluta libertad... Bien que
      aún hay tiempo... Sólo que aquella doña Ire-
180 ne siempre la interrumpe; todo se lo habla...
      Y es muy buena mujer, buena...

[10] La alaba mucho.

▼ Uno solo es ya el dueño de su corazón (I, 9).

▼▼ Es muy probable que —si no con palabras, sí con algún gesto— Simón haya hecho pensar a su amo que no le ha convencido del todo.

▼▼▼ Estas «seguridades» no son tales, según veremos en el desenlace (III, 13).

SIMÓN: En fin, señor, yo desearé que salga como usted apetece.

DON DIEGO: Sí; yo espero en Dios que no ha de salir mal. Aunque el novio no es muy de tu gusto... ¡Y qué fuera de tiempo me recomendabas al tal sobrinito! ¿Sabes tú lo enfadado que estoy con él? 185

SIMÓN: Pues, ¿qué ha hecho?

DON DIEGO: Una de las suyas... Y hasta pocos días ha no lo he sabido. El año pasado, ya lo viste, estuvo dos meses en Madrid... Y me costó buen dinero la tal visita... En fin, es mi sobrino, bien dado está; pero voy al asunto. Llegó el caso de irse a Zaragoza su regimiento[11]... Ya te acuerdas de que a muy pocos días de haber salido de Madrid recibí la noticia de su llegada. 190 195

SIMÓN: Sí, señor.

DON DIEGO: Y que siguió escribiéndome, aunque algo perezoso, siempre con la data[12] de Zaragoza. 200

SIMÓN: Así es la verdad.

DON DIEGO: Pues el pícaro no estaba allí cuando me escribía las tales cartas. 205

SIMÓN: ¿Qué dice usted?

DON DIEGO: Sí, señor. El día tres de julio salió de mi casa, y a fines de septiembre aún no había llegado a sus pabellones▾... ¿No te parece

[11] Unidad orgánica de una misma arma o cuerpo militar, cuyo jefe es el coronel.

[12] Indicación del lugar y tiempo en un documento.

▾ Luego son más bien tres meses, y no dos, el tiempo que estuvo en Madrid. Lo atestiguan más adelante: Rita (I, 9) y don Carlos (III, 10).

210   que para ir por la posta[13] hizo muy buena di-
       ligencia▼?

       SIMÓN: Tal vez se pondría malo en el camino, y
       por no darle a usted pesadumbre...

       DON DIEGO: Nada de eso. Amores del señor ofi-
215   cial y devaneos que le traen loco... Por ahí en
       esas ciudades puede que... ¿Quién sabe? Si
       encuentra un par de ojos negros, ya es hom-
       bre perdido... ¡No permita Dios que me le en-
       gañe alguna bribona de estas que truecan[14]
220   el honor por el matrimonio!

       SIMÓN: ¡Oh!, no hay que temer... Y si tropieza
       con alguna fullera[15] de amor, buenas cartas
       ha de tener para que le engañe.

       DON DIEGO: Me parece que están ahí... Sí. Busca
225   al mayoral[16] y dile que venga para quedar de
       acuerdo en la hora a que deberemos salir
       mañana.

       SIMÓN: Bien está.

       DON DIEGO: Ya te he dicho que no quiero que
230   esto se trasluzca[17], ni... ¿Estamos?

       SIMÓN: No haya miedo que a nadie lo cuente.

       (Simón se va por la puerta del foro. Salen por la mis-
       ma las tres mujeres con mantillas y basquiñas[18].
       Rita deja un pañuelo atado sobre la mesa y recoge
235   *las mantillas y las dobla.)*

[13] Conjunto de caballerías apostadas en los caminos para que los correos y otras personas cambien de tiro y continúen viaje.

[14] Cambian.

[15] Tramposa, engañosa.

[16] El que gobierna el tiro de mulas o caballos en carruajes.

[17] Deduzca, conjeture.

[18] Saya que usan las mujeres sobre la ropa interior.

▼ Observa esta clara muestra de ironía.

COMENTARIO 1 (Escena I. Líneas 1-184)

➤ *¿Dónde tiene lugar la escena? (Sírvete de las acotaciones y de lo que hablan los personajes).*

➤ *¿Qué personajes intervienen y qué datos personales se deducen de su conversación?*

➤ *¿Cuál es el eje temático de este episodio?*

➤ *¿En qué momento se alcanza el clímax, esto es, la máxima intensidad de confusión e intriga?*

➤ *¿A qué personajes se alude en el texto y qué averiguamos de ellos?*

➤ *¿Qué le preocupa a don Diego?*

➤ *¿Qué distintas variedades expresivas representan los puntos suspensivos en las frases en que aparecen en este fragmento?*

➤ *¿De qué otros procedimientos se vale el autor para dar vivacidad a este diálogo?*

ESCENA II

DOÑA IRENE, DOÑA FRANCISCA, RITA,
DON DIEGO

DOÑA FRANCISCA: Ya estamos acá.

DOÑA IRENE: ¡Ay! ¡Qué escalera!

DON DIEGO: Muy bien venidas, señoras.

240 DOÑA IRENE: ¿Conque usted, a lo que parece, no ha salido? *(Se sientan doña Irene y don Diego.)*

DON DIEGO: No, señora. Luego, más tarde, daré una vueltecita por ahí... He leído un rato. Traté de dormir, pero en esta posada no se 245 duerme ▼.

DOÑA FRANCISCA: Es verdad que no... ¡Y qué mosquitos! Mala peste en ellos. Anoche no me dejaron parar. Pero mire usted, mire usted *(Desata el pañuelo y manifiesta algunas cosas* 250 *de las que indica el diálogo.),* cuántas cosillas traigo. Rosarios de nácar, cruces de ciprés, la regla de San Benito, una pililla [19] de cristal... Mire usted qué bonita. Y dos corazones de talco ▼▼... ¡Qué sé yo cuánto viene aquí!... ¡Ay!, 255 y una campanilla de barro bendito para los truenos [20]... ¡Tantas cosas!

[19] Pila pequeña. Pieza cóncava donde se echa agua bendita.

[20] Era creencia popular que la campana alejaba los malos espíritus.

||||||||||||||||||||||||||||||||||||||||||||||||||||||||||||||||||||||||||||||||||||||||||||||||||||||

▼　En efecto, ni él ni doña Francisca (II, 8; III, 8), como él confiesa en III, 1. Sólo Simón (III, 1) y doña Irene lo conseguirán.

▼▼　Parecen amuletos amorosos, muy a propósito para una situación de mutuo compromiso matrimonial. Pese al gozo infantil de la muchacha con estos obsequios, sabe indicarle éstos en último lugar.

DON DIEGO

DOÑA IRENE: Chucherías[21] que la han dado las
madres. Locas estaban con ella.

[21] Cosas de poca importancia.

260 DOÑA FRANCISCA: ¡Cómo me quieren todas! ¡Y
mi tía, mi pobre tía lloraba tanto!... Es ya muy
viejecita.

DOÑA IRENE: Ha sentido mucho no conocer a
usted.

DOÑA FRANCISCA: Sí, es verdad. Decía: ¿por qué
265 no ha venido aquel señor?

DOÑA IRENE: El padre capellán y el rector de las
Verdes[22] nos han venido acompañando hasta
la puerta.

[22] Del colegio de Santa Catalina de Alcalá de Henares, los cuales llevan uniforme de ese color.

DOÑA FRANCISCA: Toma *(Vuelve a atar el pañuelo*
270 *y se le da a Rita, la cual se va con él y con las*
mantillas al cuarto de doña Irene.), guárdamelo
todo allí, en la excusabaraja[23]. Mira, llévalo
así de las puntas... ¡Válgate Dios! ¡Eh! ¡Ya se
ha roto la santa Gertrudis de alcorza[24] ▼!

[23] Cesta de mimbre con tapa.

[24] Pasta blanda de azúcar y almidón, con la que suelen hacerse figurillas.

275 RITA: No importa; yo me la comeré.

ESCENA III

DOÑA IRENE, DOÑA FRANCISCA, DON DIEGO

DOÑA FRANCISCA: ¿Nos vamos adentro, mamá,
o nos quedamos aquí?

DOÑA IRENE: Ahora, niña, que quiero descansar
un rato.

▼ Al parecer, por un descuido involuntario —al que no se hace referencia en acotación— se ha quebrado esta imagen de dulce.

DON DIEGO: Hoy se ha dejado sentir el calor en   280
forma▼.

²⁵Habitación que se
destina en los conven-
tos para que los visitan-
tes puedan hablar con
las monjas.

DOÑA IRENE: ¡Y qué fresco tienen aquel locuto-
rio²⁵! Está hecho un cielo... (*Siéntase Doña
Francisca junto a su madre.*) Mi hermana es la
que está bastante delicada. Ha padecido mu-   285
cho este invierno... Pero, vaya, no sabía qué
hacerse con su sobrina la buena señora. Está
muy contenta de nuestra ▼▼ elección.

DON DIEGO: Yo celebro que sea tan a gusto de   290
aquellas personas a quienes debe usted parti-
culares obligaciones.

DOÑA IRENE: Sí. Trinidad está muy contenta; y
en cuanto a Circuncisión, ya lo ha visto usted.
La▼▼▼ ha costado mucho despegarse de ella;   295
pero ha conocido que siendo para su bienestar, es necesario pasar por todo... Ya se
acuerda usted de lo expresiva que estuvo, y...

DON DIEGO: Es verdad. Sólo falta que la parte
interesada tenga la misma satisfacción que   300
manifiestan cuantos la quieren bien.

DOÑA IRENE: Es hija obediente, y no se apartará
jamás de lo que determine su madre.

DON DIEGO: Todo eso es cierto; pero...

▼   Este comentario —como algún otro (III, 1 y 8)— nos permiten suponer que la acción tiene lugar en la estación estival. Doña Francisca se quejaba además, en la escena anterior, de los mosquitos.

▼▼   Es exacto este posesivo, que deja fuera a la joven comprometida.

▼▼▼ El empleo de *la* —en lugar de *le*— para el objeto indirecto femenino (laísmo)
está documentado desde antiguo, tanto en la lengua literaria como en la familiar de
Castilla. Moratín hijo es, desde luego, laísta. Según la Academia, la forma apropiada
sería *le*.

305 DOÑA IRENE: Es de buena sangre, y ha de pensar bien, y ha de proceder con el honor que la corresponde.

DON DIEGO: Sí, ya estoy; pero ¿no pudiera, sin faltar a su honor ni a su sangre...?

310 DOÑA FRANCISCA: ¿Me voy, mamá? *(Se levanta y vuelve a sentarse.)*

DOÑA IRENE: No pudiera, no, señor. Una niña bien educada, hija de buenos padres, no puede menos de conducirse en todas ocasiones
315 como es conveniente y debido. Un vivo retrato es la chica, ahí donde usted la ve, de su abuela, que Dios perdone, doña Jerónima de Peralta... En casa tengo el cuadro, ya le habrá usted visto. Y le hicieron, según me contaba
320 su merced[26], para enviársele a su tío carnal, el padre fray Serapión de San Juan Crisóstomo, electo obispo de Mechoacán[27].

DON DIEGO: Ya.

DOÑA IRENE: Y murió en el mar el buen religio-
325 so, que fue un quebranto[28] para toda la familia... Hoy es, y todavía estamos sintiendo su muerte; particularmente mi primo don Cucufato, regidor[29] perpetuo de Zamora, no puede oír hablar de su Ilustrísima[30] sin deshacer-
330 se en lágrimas.

DOÑA FRANCISCA: ¡Válgate Dios! qué moscas tan...

DOÑA IRENE: Pues murió en olor de santidad.

DON DIEGO: Eso bueno es.

335 DOÑA IRENE: Sí, señor; pero como la familia ha venido tan a menos... ¿Qué quiere usted?

[26] Tratamiento de cortesía para los superiores que no tienen grado o título.

[27] Michoacán, estado de Méjico, junto al Pacífico.

[28] Pena muy grande.

[29] Concejal.

[30] Tratamiento de cortesía para el obispo.

[31] Suceder (metafórica y familiarmente se utiliza para indicar previsión).

[32] Sacerdote que desempeña una canonjía en una iglesia catedral o colegial.

[33] Pueblo de la provincia de Burgos.

Donde no hay facultades... Bien que por lo que puede tronar[31], ya se le está escribiendo la vida; y ¿quién sabe que el día de mañana no se imprima, con el favor de Dios? 340

DON DIEGO: Sí, pues ya se ve. Todo se imprime ▼.

DOÑA IRENE: Lo cierto es que el autor, que es sobrino de mi hermano político el canónigo[32] de Castrojeriz[33], no la deja de la mano; y a la hora de ésta lleva ya escritos nueve tomos en folio, que comprenden los nueve años primeros de la vida del santo obispo. 345

DON DIEGO: ¿Conque para cada año un tomo?

DOÑA IRENE: Sí, señor; ese plan se ha propuesto. 350

DON DIEGO: ¿Y de qué edad murió el venerable?

DOÑA IRENE: De ochenta y dos años, tres meses y catorce días ▼▼. 355

DOÑA FRANCISCA: ¿Me voy, mamá?

DOÑA IRENE: Anda, vete. ¡Válgate Dios, qué prisa tienes!

DOÑA FRANCISCA: ¿Quiere usted (Se levanta, y después de hacer una graciosa cortesía a don Diego, da un beso a doña Irene, y se va al cuarto de ésta.) 360

▼ De nuevo, otra muestra de ironía.

▼▼ Doña Irene, que no pierde oportunidad para recordar algún caso de persona distinguida de su familia, raya aquí en lo ridículo.

que le haga una cortesía a la francesa▼, señor don Diego?

DON DIEGO: Sí, hija mía. A ver.

365   DOÑA FRANCISCA: Mire usted, así.

DON DIEGO: ¡Graciosa niña! ¡Viva la Paquita▼▼,
viva!

DOÑA FRANCISCA: Para usted una cortesía, y
para mi mamá un beso.

ESCENA IV

DOÑA IRENE, DON DIEGO

370   DOÑA IRENE: Es muy gitana y muy mona, mucho.

DON DIEGO: Tiene un donaire natural que arre-
bata.

DOÑA IRENE: ¿Qué quiere usted? Criada sin arti-   ....
375   ficio ni embelecos³⁴ de mundo, contenta de   ³⁴Embustes, engaños.
verse otra vez al lado de su madre, y mucho
más de considerar tan inmediata su coloca-
ción▼▼▼, no es maravilla que cuanto hace y
dice sea una gracia, y máxime a los ojos de
380   usted, que tanto se ha empeñado en favore-
cerla.

|||||||||||||||||||||||||||||||||||||||||||||||||||||||||||||||||||||||||||||||||||||||||||||||||||||||||||||||||||||||||||||||||||||||||||||||||

▼   No olvidemos que Francia es entonces modelo al que se imita incluso en detalles
como éste.

▼▼   La anteposición del artículo determinado a nombres propios de mujer es en español propio del lenguaje rústico o vulgar. Aquí parece reflejar familiaridad afectuo-
sa. La propia Paquita habla de sí misma en idénticos términos (II, 7).

▼▼▼   Es palabra muy reveladora de su propósito, en efecto.

DON DIEGO: Quisiera sólo que se explicase libremente▾ acerca de nuestra proyectada unión, y...

DOÑA IRENE: Oiría usted lo mismo que le he dicho ya.   385

DON DIEGO: Sí, no lo dudo; pero el saber que la merezco alguna inclinación, oyéndoselo decir con aquella boquilla tan graciosa que tiene, sería para mí una satisfacción imponderable [35].   390

DOÑA IRENE: No tenga usted sobre ese particular la más leve desconfianza; pero hágase usted cargo·de que a una niña no la es lícito decir con ingenuidad lo que siente. Mal parecería, señor don Diego, que una doncella de   395
vergüenza y criada como Dios manda, se atreviese a decirle a un hombre: yo le quiero a usted.

DON DIEGO: Bien; si fuese un hombre a quien hallara por casualidad en la calle y le espetara [36] ese favor de buenas a primeras, cierto   400
que la doncella haría muy mal; pero a un hombre con quien ha de casarse dentro de pocos días, ya pudiera decirle alguna cosa que... Además, que hay ciertos modos de explicarse...   405

DOÑA IRENE: Conmigo usa de más franqueza. A cada instante hablamos de usted, y en todo manifiesta el particular cariño que a usted le tiene... ¡Con qué juicio hablaba ayer noche,   410

---

[35] Muy grande.

[36] Plantara (decir algo causando sorpresa o molestia).

▾ De nuevo menciona la libertad, que anhelan los jóvenes.

después que usted se fue a recoger[37]! No sé lo
que hubiera dado porque hubiese podido oírla.

[37] Retirar para acostar-
se o descansar.

DON DIEGO: ¿Y qué? ¿Hablaba de mí?

415   DOÑA IRENE: Y qué bien piensa acerca de lo
preferible que es para una criatura de sus
años un marido de cierta edad, experimenta-
do, maduro y de conducta...

DON DIEGO: ¡Calle! ¿Eso decía?

420   DOÑA IRENE: No; esto se lo decía yo▼, y me es-
cuchaba con una atención como si fuera una
mujer de cuarenta años, lo mismo... ¡Buenas
cosas la dije! Y ella, que tiene mucha penetración, aunque me esté mal el decirlo... ¿Pues
425   no da lástima, señor, el ver cómo se hacen
los matrimonios hoy en día▼▼? Casan a una
muchacha de quince años con un arrapiezo[38]
de dieciocho, a una de diecisiete con otro de
veintidós: ella niña, sin juicio ni experiencia,
430   y él, niño también, sin asomo de cordura ni
conocimiento de lo que es mundo. Pues, señor (que es lo que yo digo), ¿quién ha de go-
bernar la casa? ¿Quién ha de mandar a los
criados? ¿Quién ha de enseñar y corregir a
435   los hijos? Porque sucede también que estos
atolondrados de chicos suelen plagarse de
criaturas en un instante, que da compasión.

[38] Jovencito.

▼   Estaba en lo cierto don Diego cuando dudaba de que la niña dijera algo así.

▼▼ Así es, pero el error no está siempre en los casos que ella destaca.
Recuérdese que *El viejo y la niña* —por otro título *El casamiento desigual*— trata también de este asunto.

DON DIEGO: Cierto que es un dolor el ver rodeados de hijos a muchos que carecen del talento, de la experiencia y de la virtud que son necesarias para dirigir su educación ▼. 440

DOÑA IRENE: Lo que sé decirle a usted es que aún no había cumplido los diecinueve cuando me casé de primeras nupcias con mi difunto don Epifanio, que esté en el cielo. Y 445 era un hombre que, mejorando lo presente, no es posible hallarle de más respeto, más caballeroso... Y al mismo tiempo más divertido y decidor[39]. Pues, para servir a usted, ya tenía los cincuenta y seis, muy largos de talle, cuando se casó conmigo. 450

DON DIEGO: Buena edad... No era un niño; pero...

DOÑA IRENE: Pues a eso voy... Ni a mí podía convenirme en aquel entonces un boquirrubio[40] con los cascos a la jineta[41]... No, señor... 455 Y no es decir tampoco que estuviese achacoso ni quebrantado de salud, nada de eso. Sanito ▼▼ estaba, gracias a Dios, como una manzana; ni en su vida conoció otro mal, sino una especie de alferecía[42] que le amagaba[43] 460 de cuando en cuando. Pero luego que nos casamos, dio en darle tan a menudo y tan de recio, que a los siete meses me hallé viuda y

[39] Que habla con facilidad y gracia.

[40] Jovenzuelo inexperto.

[41] Expresión figurada usada familiarmente para indicar alguien con poco asiento y reflexión.

[42] Enfermedad que provoca convulsiones y pérdida de conocimiento.

[43] Sobrevenía.

||||||||||||||||||||||||||||||||||||||||||||||||||||||||||||||||||||||||||||||||||||||||||||||||||||||||||||||||||||||||||||||||||||||||

▼ La instrucción y la formación de las gentes fueron preocupación característica de los ilustrados.

▼▼ El diminutivo en boca de mujer es rasgo estilístico definidor de su sexo, en general. Aquí, el tono afectivo se torna humorístico, como se verá en seguida.

465   encinta de una criatura que nació después, y
       al cabo y al fin se me murió de alfombrilla[44].

DON DIEGO: ¡Oiga!... Mire usted si dejó sucesión
el bueno de don Epifanio ▼ .

DOÑA IRENE: Sí, señor; ¿pues por qué no?

470   DON DIEGO: Lo digo porque luego saltan con...
       Bien que si uno hubiera de hacer caso... ¿Y
       fue niño o niña?

DOÑA IRENE: Un niño muy hermoso. Como una
plata[45] era el angelito.

475   DON DIEGO: Cierto que es consuelo tener, así,
       una criatura y...

DOÑA IRENE: ¡Ay, señor! Dan malos ratos, pero
¿qué importa? Es mucho gusto, mucho.

DON DIEGO: Ya lo creo.

480   DOÑA IRENE: Sí, señor.

DON DIEGO: Ya se ve que será una delicia, y ▼▼...

DOÑA IRENE: ¿Pues no ha de ser?

DON DIEGO: ...un embeleso el verlos juguetear y
reír, y acariciarlos, y merecer sus fiestecillas
485   inocentes.

DOÑA IRENE: ¡Hijos de mi vida! Veintidós he tenido en los tres matrimonios que llevo hasta
ahora, de los cuales sólo esta niña me ha venido a quedar; pero le aseguro a usted que...

[44] Escarlatina (erupción cutánea que se diferencia del sarampión por la falta de fenómenos catarrales).

[45] Hermoso (ponderativo).

▼ Esta vez se disipó el temor a la esterilidad de semejantes casamientos.

▼▼ Don Diego anhela, en el fondo de su corazón, los goces de la paternidad, o del que ha llegado a ser abuelo tal vez.

ESCENA V

SIMÓN, DOÑA IRENE, DON DIEGO

SIMÓN: *(Sale por la puerta del foro.)* Señor, el   490
mayoral está esperando.

DON DIEGO: Dile que voy allá... ¡Ah! Tráeme primero el sombrero y el bastón, que quisiera
dar una vuelta por el campo. *(Entra Simón al
cuarto de don Diego, saca un sombrero y un bas-*   495
*tón, se los da a su amo, y al fin de la escena se va
con él por la puerta del foro.)* Conque ¿supongo
que mañana tempranito saldremos?

DOÑA IRENE: No hay dificultad. A la hora que a
usted le parezca.   500

DON DIEGO: A eso de las seis, ¿eh?

DOÑA IRENE: Muy bien.

DON DIEGO: El sol nos da de espaldas▼... Le diré
que venga una media hora antes.

DOÑA IRENE: Sí, que hay mil chismes que aco-   505
modar.

ESCENA VI

DOÑA IRENE, RITA

DOÑA IRENE: ¡Válgame Dios! Ahora que me
acuerdo... ¡Rita!... Me le habrán dejado morir.
¡Rita!

|||||||||||||||||||||||||||||||||||||||||||||||||||||||||||||||||||||||||||||||||||||||||||||||||||||||||||||||||||||||||||||||||||||||||||||

▼ Aquí se da a entender que se dirigen hacia Madrid.

510   RITA: Señora. *(Saca debajo del brazo almohadas y sábanas.)*

DOÑA IRENE: ¿Qué has hecho del tordo[46]? ¿Le diste de comer?

RITA: Sí, señora. Más ha comido que un aves-
515   truz ▼. Ahí le puse en la ventana del pasillo.

DOÑA IRENE: ¿Hiciste las camas?

RITA: La de usted ya está. Voy a hacer esotras[47] antes que anochezca, porque si no, como no hay más alumbrado que el del candil[48] y no
520   tiene garabato[49], me veo perdida.

DOÑA IRENE: Y aquella chica, ¿qué hace?

RITA: Está desmenuzando un bizcocho para dar de cenar a don Periquito ▼▼.

DOÑA IRENE: ¡Qué pereza tengo de escribir! *(Se*
525   *levanta y se entra en su cuarto.)* Pero es preciso, que estará con mucho cuidado la pobre Cir-cuncisión.

RITA: ¡Qué chapucerías[50]! No ha dos horas, como quien dice, que salimos de allá, y ya
530   empiezan a ir y venir correos. ¡Qué poco me gustan a mí las mujeres gazmoñas[51] y zalame-ras!

(Éntrase en el cuarto de doña Francisca.)

[46] Pájaro común en España, de vientre blanco amarillento con manchas pardas, pico delgado y negro, y lomo gris aceitunado.

[47] Esas otras.

[48] Lamparilla de aceite con dos recipientes.

[49] Gancho para agarrar o colgar algo.

[50] Embustes.

[51] Que afectan devoción, modestia o escrúpulos.

IIIIIIIIIIIIIIIIIIIIIIIIIIIIIIIIIIIIIIIIIIIIIIIIIIIIIIIIIIIIIIIIIIIIIIIIIIIIIIIIIIIIIIIIIIIIIIIIIIIIIIIIIIIIIIIIIIIIIIIIIIIIIIIIIIIIIIIII

▼   Es una exageración comparar lo que pueda comer el tordo con lo que necesita el avestruz, considerando que ésta es la más grande de las aves. Además de alimen-tarse de hierba, frutos, semillas y pequeños animales, esta corredora de bellas plumas ingiere piedras y otros materiales indigestibles.

▼▼   Debe tratarse del nombre del tordillo.

DON CARLOS

ESCENA VII

CALAMOCHA

(Sale por la puerta del foro con unas maletas, botas y látigos. Lo deja todo sobre la mesa y se sienta.)

535 CALAMOCHA: ¿Conque ha de ser el número tres? Vaya en gracia... Ya, ya conozco el tal número tres. Colección de bichos más abundante no la tiene el Gabinete de Historia Natural... Miedo me da de entrar... ¡Ay!, ¡ay!... ¡Y qué agujetas! Estas sí que son agujetas... Paciencia, pobre Calamocha; paciencia... Y gracias a que los caballitos dijeron: no podemos más; que si no, por esta vez no veía yo el número tres, ni las plagas de Faraón[52] que tiene dentro... En fin, como los animales amanezcan vivos, no será poco... Reventados están... *(Canta Rita desde adentro. Calamocha se levanta desperezándose.)* ¡Oiga!... ¿Seguidillitas[53]?... Y no canta mal... Vaya, aventura tenemos... ¡Ay, qué desvencijado[54] estoy▼!

540

545

[52] Según se relata en el libro del Éxodo, fueron de ranas, langostas, moscas y mosquitos.

[53] Composiciones métricas de cuatro o siete versos, empleadas en cantos populares.

[54] Deshecho.

ESCENA VIII

RITA, CALAMOCHA

550 RITA: Mejor es cerrar, no sea que nos alivien de ropa y... *(Forcejeando para echar la llave.)* Pues cierto que está bien acondicionada la llave.

CALAMOCHA: ¿Gusta usted de que eche una mano, mi vida?

▼ Calamocha presenta algunos rasgos del tipo teatral del *gracioso*.

RITA: Gracias, mi alma.   555

CALAMOCHA: ¡Calle!... ¡Rita!

RITA: ¡Calamocha!

CALAMOCHA ¿Qué hallazgo es éste?

RITA: ¿Y tu amo?

CALAMOCHA: Los dos acabamos de llegar.   560

RITA: ¿De veras?

[55] Broma.

CALAMOCHA: No, que es chanza[55]. Apenas recibió la carta de doña Paquita, yo no sé adónde
fue, ni con quién habló, ni cómo lo dispuso;
sólo sé decirte que aquella tarde salimos de   565
Zaragoza. Hemos venido como dos centellas
por ese camino. Llegamos esta mañana a
Guadalajara, y a las primeras diligencias nos
hallamos con que los pájaros▼ volaron ya. A
caballo otra vez, y vuelta a correr y a sudar y   570

[56] Sonidos que se hacen al sacudir el látigo con violencia.

a dar chasquidos[56]... En suma, molidos los ro-
cines[57] y nosotros a medio moler hemos pa-
rado aquí con ánimo de salir mañana... Mi

[57] Caballos de mala traza, usados más bien para el trabajo.

teniente se ha ido al Colegio Mayor[58] a ver a
un amigo mientras se dispone algo que ce-   575
nar... Esta es la historia.

[58] De San Ildefonso de Alcalá de Henares.

RITA: ¿Conque le tenemos aquí?

CALAMOCHA: Y enamorado más que nunca, ce-
loso, amenazando vidas... Aventurado a quitar el hipo a cuantos le disputen la posesión   580

[59] Nombre familiar o cariñoso para Francisca.

de su Currita[59] idolatrada.

RITA: ¿Qué dices?

▼ No se trata de «pájaros», claro está. Es la forma de hablar del asistente, entre figurada y coloquial.

CALAMOCHA: Ni más ni menos.

585 RITA: ¡Qué gusto me das!... Ahora sí se conoce que la tiene amor.

CALAMOCHA: ¿Amor?... ¡Friolera!... El mozo Gazul[60] fue para con él un pelele, Medoro[61] un zascandil[62] y Gaiferos[63] un chiquillo de la doctrina[64].

590 RITA: ¡Ay!, ¡cuando la señorita lo sepa!

CALAMOCHA: Pero acabemos. ¿Cómo te hallo aquí? ¿Con quién estás? ¿Cuándo llegaste? Que...

595 RITA: Yo te lo diré. La madre de doña Paquita dio en escribir cartas y más cartas, diciendo que tenía concertado su casamiento en Madrid con un caballero rico, honrado, bien quisto[65], en suma, cabal y perfecto, que no había más que apetecer. Acosada▼ la señorita con tales propuestas, y angustiada incesantemente con los sermones de aquella bendita monja, se vio en la necesidad de responder que estaba pronta a todo lo que la mandasen... Pero no te puedo ponderar cuánto lloró la pobrecita, qué afligida estuvo. Ni quería comer, ni podía dormir... Y al mismo tiempo era preciso disimular para que su tía no sospechara la verdad del caso. Ello es que cuando, pasado el primer susto, hubo lugar de discurrir escapatorias y arbitrios[66], no hallamos otro que el de avisar a tu amo, esperando que si era su cariño tan verdadero y

[60] Héroe protagonista de algunos romances moriscos.

[61] Moro adornado de todas las gracias y de los más nobles sentimientos, que se casa con Angélica después de ser atendido por ésta, ya que había sido herido en el campo de batalla. Aparece en el *Orlando furioso,* poema del escritor renacentista italiano Ludovico Ariosto.

[62] Hombre despreciable y enredador.

[63] Personaje del ciclo carolingio del Romancero viejo.

[64] Niño huérfano que se criaba y educaba en un colegio; niño que está aún instruyéndose.

[65] De buena fama, estimado.

[66] Resoluciones no gobernadas por la razón.

▼ Otra vez se alude a la falta de libertad para la joven prometida.

....
[67] Encarecido.

....
[68] Mira, he aquí.

....
[69] Tirado por mulas guarnecidas con adornos.

....
[70] Diminutivo catalán de Gaspar. Muchos catalanes trabajaban de transportistas de viajeros y de mercancías.

....
[71] Miriñaques, faldas interiores amplias y rígidas, almidonadas y a veces con aros; pertenencias.

....
[72] Baúles.

de buena ley como nos había ponderado[67], no consentiría que su pobre Paquita pasara a manos de un desconocido, y se perdiesen para siempre tantas caricias, tantas lágrimas y tantos suspiros estrellados en las tapias del corral. A pocos días de haberle escrito, cata[68] el coche de colleras[69] y el mayoral Gasparet[70] con sus medias azules, y la madre y el novio que vienen por ella; recogimos a toda prisa nuestros meriñaques[71], se atan los cofres[72], nos despedimos de aquellas buenas mujeres y en dos latigazos llegamos antes de ayer a Alcalá. La detención ha sido para que la señorita visite a otra tía monja que tiene aquí, tan arrugada y tan sorda como la que dejamos allá▼. Ya la ha visto, ya la han besado bastante una por una todas las religiosas, y creo que mañana temprano saldremos. Por esta casualidad nos...

CALAMOCHA: Sí. No digas más... Pero... ¿Conque el novio está en la posada?

RITA: Ése es su cuarto *(Señalando el cuarto de don Diego, el de doña Irene y el de doña Francisca.)*, éste el de la madre y aquél el nuestro.

CALAMOCHA: ¿Cómo nuestro? ¿Tuyo y mío?

RITA: No, por cierto. Aquí dormiremos esta noche la señorita y yo; porque ayer, metidas las tres en ese de enfrente, ni cabíamos de pie, ni pudimos dormir un instante, ni respirar siquiera.

615

620

625

630

635

640

||||||||||||||||||||||||||||||||||||||||||||||||||||||||||||||||||||||||||||||||||||||||||||||||||||||||||||||

▼ Quienes velan por el futuro de doña Francisca parece que pertenecen al siglo anterior al de la muchacha.

CALAMOCHA: Bien. Adiós. *(Recoge los trastos que puso sobre la mesa en ademán de irse.)*

645 RITA: Y ¿adónde?

CALAMOCHA: Yo me entiendo... Pero, el novio, ¿trae consigo criados, amigos o deudos[73] que le quiten la primera zambullida[74] que le amenaza?

73 Parientes.

74 En esgrima, golpe dado en el pecho.

650 RITA: Un criado viene con él.

CALAMOCHA: ¡Poca cosa!... Mira, dile en caridad que se disponga, porque está de peligro. Adiós.

RITA: ¿Y volverás presto?

655 CALAMOCHA: Se supone. Estas cosas piden diligencia, y aunque apenas puedo moverme, es necesario que mi teniente deje la visita y venga a cuidar de su hacienda, disponer el entierro de ese hombre▾, y... ¿Conque ése es

660 nuestro cuarto, eh?

RITA: Sí. De la señorita y mío.

CALAMOCHA: ¡Bribona!

RITA: ¡Botarate[75]! Adiós.

75 Hombre alborotado y de poco juicio.

CALAMOCHA: Adiós, aborrecida.

665 *(Éntrase con los trastos en el cuarto de don Carlos.)*

▾ Como dijo antes que su señor venía «amenazando vidas», ahora piensa ya en las consecuencias de tal actitud.

ESCENA IX

DOÑA FRANCISCA, RITA

RITA: ¡Qué malo es!... Pero... ¡Válgame Dios!
¡Don Félix aquí!... Sí, la quiere, bien se conoce... *(Sale Calamocha del cuarto de don Carlos, y se
va por la puerta del foro.)* ¡Oh! Por más que digan, los hay muy finos; y entonces, ¿qué ha   670
de hacer una?... Quererlos; no tiene remedio,
quererlos... Pero ¿qué dirá la señorita cuando
le vea, que está ciega por él? ¡Pobrecita!
¿Pues no sería una lástima que ▼...? Ella es.
(Sale Doña Francisca.)   675

DOÑA FRANCISCA: ¡Ay, Rita!

RITA: ¿Qué es eso? ¿Ha llorado usted?

DOÑA FRANCISCA: ¿Pues no he de llorar? Si vieras mi madre... Empeñada está en que he de
querer mucho a ese hombre... Si ella supiera   680
lo que sabes tú, no me mandaría cosas impo-
sibles... Y que es tan bueno, y que es rico, y
que me irá tan bien con él... Se ha enfadado
tanto, y me ha llamado picarona, inobedien-
te... ¡Pobre de mí! Porque no miento ni sé fin- 685
gir, por eso me llaman picarona.

RITA: Señorita, por Dios, no se aflija usted.

DOÑA FRANCISCA: Ya, como tú no lo has oído...
Y dice que don Diego se queja de que yo no
le digo nada... Harto le digo, y bien he procu- 690
rado hasta ahora mostrarme contenta delan-

|||||||||||||||||||||||||||||||||||||||||||||||||||||||||||||||||||||||||||||||||||||||||||||||||||||||||||||||||||||||||||||||||||||||||||

▼ Rita, dentro de su complicidad discreta, siente la boda que se ha concertado para
su señorita.

te de él, que no lo estoy por cierto, y reírme
y hablar niñerías ▾... Y todo por dar gusto a
mi madre, que si no... Pero bien sabe la Vir-
695   gen que no me sale del corazón. *(Se va obscu-
reciendo lentamente el teatro.)*

Rita: Vaya, vamos, que no hay motivo todavía
para tanta angustia... ¿Quién sabe?... ¿No se
acuerda usted ya de aquel día de asueto[76]
700   que tuvimos el año pasado en la casa de campo del intendente[77]?

Doña Francisca: ¡Ay! ¿Cómo puedo olvidar-
lo?... Pero ¿qué me vas a contar?

Rita: Quiero decir que aquel caballero que vi-
705   mos allí con aquella cruz verde[78], tan galán,
tan fino...

Doña Francisca: ¡Qué rodeos!... Don Félix. ¿Y
qué?

Rita: Que nos fue acompañando hasta la ciu-
710   dad...

Doña Francisca: Y bien... Y luego volvió, y le
vi, por mi desgracia, muchas veces... Mal
aconsejada de ti ▾▾.

Rita: ¿Por qué, señora?... ¿A quién dimos es-
715   cándalo? Hasta ahora nadie lo ha sospechado en el convento. Él no entró jamás por las
puertas ▾▾▾ y cuando de noche hablaba con us-

[76] Vacación.

[77] En el ejército es el jefe superior encarga-do del abastecimiento.

[78] Se refiere a la de la Orden de Alcántara, que se fundó en el siglo XII. Su distintivo era una cruz flordelisada de ese color.

▾   Se refiere a su comportamiento en la escena segunda de este acto.

▾▾   Como caso extremo —sucedía en *La Celestina*—, los criados juegan un papel importante en la alcahuetería.

▾▾▾   Melibea, personaje de *La Celestina,* decía a su amante: «Las puertas impiden nuestro gozo, las cuales yo maldigo (...)» (Acto XII). Nuestra heroína no se queja de ellas, sino de la distancia que la separaba de su cortejador.

ted, mediaba entre los dos una distancia tan grande, que usted la maldijo no pocas veces... Pero esto no es el caso. Lo que voy a decir es que un amante como aquél no es posible que se olvide tan presto [79] de su querida Paquita... Mire usted que todo cuanto hemos leído a hurtadillas en las novelas no equivale a lo que hemos visto en él▼ ... ¿Se acuerda usted de aquellas tres palmadas que se oían entre once y doce de la noche ▼▼, de aquella sonora [80] punteada con tanta delicadeza y expresión? 720 725

DOÑA FRANCISCA: ¡Ay, Rita! Sí, de todo me acuerdo, y mientras viva conservaré la memoria... Pero está ausente... y entretenido acaso con nuevos amores. 730

RITA: Eso no lo puedo yo creer.

DOÑA FRANCISCA: Es hombre, al fin, y todos ellos... 735

RITA: ¡Qué bobería! Desengáñese usted, señorita. Con los hombres y las mujeres sucede lo mismo que con los melones de Añover [81]. Hay de todo; la dificultad está en saber escogerlos. El que se lleve chasco en la elección, quéjese de su mala suerte, pero no desacredite la mercancía... Hay hombres muy embusteros, muy picarones▼▼▼; pero no es creíble 740

[79] Pronto.

[80] Bandurria de seis cuerdas de tripa y seis de alambre.

[81] Pueblo de la provincia de Toledo.

▼ El mundo de la ficción novelesca suple a veces la falta de experiencia, pero cuando ésta se alcanza, la imaginación queda desplazada por la realidad.

▼▼ La próxima entrevista de los enamorados va a tener lugar también durante la noche (II, 7).

▼▼▼ Doña Irene ha llamado «picarona» a su hija, según hemos oído hace poco a Francisca; y Rita emplea este mismo calificativo para don Félix-Carlos.

745 que lo sea el que ha dado pruebas tan repeti-
das de perseverancia y amor. Tres meses
duró el terrero[82] y la conversación a obscuras, y en todo aquel tiempo, bien sabe usted
que no vimos en él una acción descompues-
750 ta[83], ni oímos de su boca una palabra inde-
cente ni atrevida.

DOÑA FRANCISCA: Es verdad. Por eso le quise
tanto, por eso le tengo tan fijo aquí..., aquí...
(Señalando el pecho.) ¿Qué habrá dicho al ver
755 la carta?... ¡Oh! Yo bien sé lo que habrá dicho...: ¡Válgate Dios! ¡Es lástima! Cierto. ¡Pobre Paquita!... Y se acabó... No habrá dicho
más... Nada más.

RITA: No, señora; no ha dicho eso.

760 DOÑA FRANCISCA: ¿Qué sabes tú?

RITA: Bien lo sé. Apenas haya leído la carta se
habrá puesto en camino, y vendrá volando a
consolar a su amiga... Pero... *(Acercándose a la
puerta del cuarto de doña Irene.)*

765 DOÑA FRANCISCA: ¿Adónde vas?

RITA: Quiero ver si...

DOÑA FRANCISCA: Está escribiendo.

RITA: Pues ya presto habrá de dejarlo, que empieza a anochecer... Señorita, lo que la he di-
770 cho a usted es la verdad pura. Don Félix está
ya en Alcalá.

DOÑA FRANCISCA: ¿Qué dices? No me engañes.

RITA: Aquél es su cuarto... Calamocha acaba de
hablar conmigo.

775 DOÑA FRANCISCA: ¿De veras?

[82] Galanteo desde la calle o el campo delante de la casa de la joven.

[83] Deshonesta, atrevida.

RITA: Sí, señora... Y le ha ido a buscar para...

DOÑA FRANCISCA: ¿Conque me quiere?... ¡Ay, Rita! Mira tú si hicimos bien de avisarle... Pero ¿ves qué fineza[84]?... ¿Si vendrá bueno? ¡Correr tantas leguas[85] sólo por verme..., porque yo se lo mando!... ¡Qué agradecida le debo estar!... ¡Oh!, yo le prometo que no se quejará de mí. Para siempre agradecimiento y amor[▼].   780

RITA: Voy a traer luces. Procuraré detenerme por allá abajo hasta que vuelvan... Veré lo que dice y qué piensa hacer, porque hallándonos todos aquí, pudiera haber una de Satanás entre la madre, la hija, el novio y el amante; y si no ensayamos bien esta contradanza[86][▼▼], nos hemos de perder en ella.   785   790

DOÑA FRANCISCA: Dices bien... Pero no; él tiene resolución y talento, y sabrá determinar lo más conveniente... Y ¿cómo has de avisarme?... Mira que así que llegue le quiero ver.   795

RITA: No hay que dar cuidado. Yo le traeré por acá, y en dándome aquella tosecilla seca... ¿Me entiende usted?

DOÑA FRANCISCA: Sí, bien.

RITA: Pues entonces no hay más que salir con cualquiera[▼▼▼] excusa. Yo me quedaré con la   800

[84] Delicadeza.

[85] Medida itineraria que en España equivale a cinco metros y medio. Las «de posta» eran cuatro kilómetros.

[86] Baile de figuras que ejecutan varias parejas a un tiempo.

[▼]   A don Diego sólo le dedicará gratitud (doña Irene: II, 5; doña Francisca: II, 5; don Diego: III, 8), pese a lo que aseguró su madre (I, 4).

[▼▼]   Dice bien Rita cuando compara este enredo con el baile y el cambio de pareja.

[▼▼▼] Hoy este indefinido aparecería en la forma apocopada *cualquier,* ya que va ante sustantivo, sea éste femenino o masculino.

señora mayor; la hablaré de todos sus maridos y de sus concuñados[87], y del obispo que murió en el mar... Además, que si está allí

805 don Diego...

DOÑA FRANCISCA: Bien, anda; y así que llegue...

RITA: Al instante.

DOÑA FRANCISCA: Que no se te olvide toser.

RITA: No haya miedo.

810 DOÑA FRANCISCA: ¡Si vieras qué consolada estoy!

RITA: Sin que usted lo jure lo creo.

DOÑA FRANCISCA: ¿Te acuerdas, cuando me decía que era imposible apartarme de su memoria, que no habría peligros que le detuvieran, ni dificultades que no atropellara por mí?

815

RITA: Sí, bien me acuerdo.

DOÑA FRANCISCA: ¡Ah!... Pues mira cómo me dijo la verdad.

820

(Doña Francisca se va al cuarto de doña Irene; Rita, por la puerta del foro.)

[87] Cónyuges de una persona respecto del cónyuge de otra persona hermana de aquélla.

COMENTARIO 2 (Escena IX. Líneas 730-799)

▶ *¿Qué relación existe entre los dos personajes femeninos de esta escena?*

▶ *Caracteriza la forma de hablar de doña Francisca observando detenidamente su carga emotiva.*

▶ *¿Cómo alternan en este fragmento el pasado y el presente?*

▶ *¿Qué nuevos personajes encontramos aludidos aquí?*

▶ *¿Cómo actúa Rita respecto al conflicto interior de doña Francisca?*

▶ *Agrupa las menciones que causan placer o melancolía, respectivamente, a la protagonista.*

▶ *¿Cómo caracterizarías psicológicamente a la niña doña Francisca?*

▶ *¿Qué semejanzas y diferencias encuentras entre este texto y el del primer comentario?*

ACTO II

ESCENA PRIMERA

DOÑA FRANCISCA

(Teatro obscuro. Doña Francisca se acerca a la puerta del foro y vuelve.)

DOÑA FRANCISCA: Nadie parece[1] aún... ¡Qué impaciencia tengo!... Y dice mi madre que soy una simple, que sólo pienso en jugar y reír y que no sé lo que es amor... Sí, diecisiete años y no cumplidos; pero ya sé lo que es querer bien, y la inquietud y las lágrimas que cuesta▼.

[1] Aparece, se deja ver.

825

ESCENA II

DOÑA IRENE, DOÑA FRANCISCA

830 DOÑA IRENE: Sola y a obscuras me habéis dejado allí.

DOÑA FRANCISCA: Como estaba usted acabando su carta, mamá, por no estorbarla me he venido aquí, que está mucho más fresco.

835 DOÑA IRENE: Pero aquella muchacha, ¿qué hace que no trae una luz? Para cualquiera cosa se está un año... Y yo que tengo un genio como una pólvora. *(Siéntase.)* Sea todo por Dios... ¿Y don Diego? ¿No ha venido?

▼ Como Melibea (Acto XVI), doña Francisca se ha enamorado; pero no se ha entregado, como ocurrió con la hija de Pleberio. En ambas obras los padres viven ajenos a la pasión que ha prendido en su alma juvenil. Melibea tenía 20 años (Acto XXI), doña Francisca, 16 (I, 1; II, 1).

DOÑA FRANCISCA: Me parece que no.

DOÑA IRENE: Pues cuenta, niña, con lo que te   840
he dicho ya. Y mira que no gusto de repetir
una cosa dos veces ▾. Este caballero está sentido, y con muchísima razón.

DOÑA FRANCISCA: Bien; sí, señora; ya lo sé. No
me riña usted más.   845

DOÑA IRENE: No es esto reñirte, hija mía; esto
es aconsejarte. Porque como tú no tienes conocimiento para considerar el bien que se
nos ha entrado por las puertas... Y lo atrasa-
da² que me coge, que yo no sé lo que hubie-   850
ra sido de tu pobre madre ▾▾... Siempre
cayendo y levantando... Médicos, botica³...
Que se dejaba pedir aquel caribe⁴ de don
Bruno (Dios le haya coronado de gloria) los
veinte y los treinta reales por cada papelillo   855
de píldoras de coloquíntida⁵ y asafétida⁶...
Mira que un casamiento como el que vas a
hacer muy pocas le consiguen. Bien que a las
oraciones de tus tías, que son unas bienaven-
turadas, debemos agradecer esta fortuna, y   860
no a tus méritos ni a mi diligencia▾ ▾ ▾... ¿Qué
dices?

DOÑA FRANCISCA: Yo, nada, mamá.

²Endeudada.

³Medicamentos para curar las enfermedades.

⁴Hombre cruel e inhumano.

⁵Planta, cuyos frutos —semejantes a la naranja— se usan como purgantes.

⁶Planta utilizada como antiespasmódico.

▾ Curiosamente, es su costumbre.

▾▾ Decididamente, doña Irene sólo piensa en sí misma.

▾▾▾ Moratín se excede un poco quizá: por una parte, minusvalora a Paquita, y, por otra, pretende que se cumpla el refrán «Casamiento y mortaja, del cielo bajan», pues las tías de la protagonista se han aplicado a rezar.

DOÑA IRENE: Pues nunca dices nada. ¡Válgame
865   Dios, señor!... En hablándote de esto no te
         ocurre nada que decir.

ESCENA III

RITA, DOÑA IRENE, DOÑA FRANCISCA

*(Sale Rita por la puerta del foro con luces y las pone
encima de la mesa.)*

DOÑA IRENE: Vaya, mujer, yo pensé que en toda
la noche no venías.

RITA: Señora, he tardado porque han tenido
870   que ir a comprar las velas. Como el tufo[7] del
        velón[8] la hace a usted tanto daño.

DOÑA IRENE: Seguro que me hace muchísimo
mal, con esta jaqueca que padezco... Los par-
ches[9] de alcanfor[10] al cabo tuve que quitár-
875   melos; si no me sirvieron de nada. Con las
        obleas[11] me parece que me va mejor... Mira,
        deja una luz ahí, y llévate la otra a mi cuarto,
        y corre la cortina, no se me llene todo de
        mosquitos.

880   RITA: Muy bien. *(Toma una luz y hace que se va.)*

DOÑA FRANCISCA: *(Aparte, a Rita.)* ¿No ha venido?

RITA: Vendrá.

[7] Olor molesto, emanación de una combustión imperfecta.

[8] Lámpara de metal para aceite común.

[9] Trozos de lienzo que se ponen sobre una herida o una parte enferma del cuerpo.

[10] Producto obtenido de ese árbol, empleado como estimulante cardíaco.

[11] Conjunto de dos hojas delgadas de una masa de harina y agua, entre las que se encierra una pequeña dosis de medicamento, cuyo sabor no se percibe así al tragar.

¹² Vulgarismo por «oye».

DOÑA IRENE: Oyes¹², aquella carta que está so- 885
bre la mesa, dásela al mozo de la posada
para que la lleve al instante al correo... *(Vase*
Rita al cuarto de doña Irene.) Y tú, niña, ¿qué
has de cenar? Porque será menester recoger-
nos presto para salir mañana de madrugada.

DOÑA FRANCISCA: Como las monjas me hicie- 890
ron merendar...

DOÑA IRENE: Con todo eso... Siquiera unas sopas del puchero para el abrigo del estómago... *(Sale Rita con una carta en la mano, y hasta*
el fin de la escena hace que se va y vuelve, según lo 895
indica el diálogo.) Mira, has de calentar el cal-
do que apartamos al mediodía, y haznos un
par de tazas de sopas, y tráetelas luego que
estén.

RITA: ¿Y nada más? 900

DOÑA IRENE: No, nada más... ¡Ah!, y házmelas
bien caldositas.

RITA: Sí, ya lo sé.

DOÑA IRENE: Rita.

RITA: *(Aparte.)* Otra. ¿Qué manda usted? 905

DOÑA IRENE: Encarga mucho al mozo que lleve
la carta al instante... Pero, no, señor; mejor
es... No quiero que la lleve él, que son unos
borrachones, que no se les puede... Has de
decir a Simón que digo yo que me haga el 910
gusto de echarla en el correo. ¿Lo entiendes?

RITA: Sí, señora.

DOÑA IRENE: ¡Ah!, mira.

RITA: *(Aparte).* Otra.

915   DOÑA IRENE: Bien que ahora no corre prisa... Es
      menester que luego me saques de ahí al tor-
      do y colgarle por aquí, de modo que no se
      caiga y se me lastime... *(Vase Rita por la puerta*
      del foro.) ¡Qué noche tan mala me dio!... ¡Pues
920   no se estuvo el animal toda la noche de Dios
      rezando el Gloria Patri y la oración del Santo
      Sudario...▼! Ello, por otra parte, edificaba[13],   [13] Infundía sentimien-
      cierto. Pero cuando se trata de dormir...   tos de virtud y piedad.

ESCENA IV

DOÑA IRENE, DOÑA FRANCISCA

      DOÑA IRENE: Pues mucho será que don Diego
925   no haya tenido algún encuentro por ahí, y
      eso le detenga. Cierto que es un señor muy
      mirado, muy puntual... ¡Tan buen cristiano!
      ¡Tan atento! ¡Tan bien hablado! ¡Y con qué
      garbo y generosidad se porta!... Ya se ve, un
930   sujeto de bienes y de posibles▼▼... ¡Y qué casa
      tiene! Como un ascua[14] de oro la tiene... Es   [14] Pedazo incandescen-
      mucho aquello. ¡Qué ropa blanca! ¡Qué bate-   te; en sentido figurado,
      ría de cocina! ¡Y qué despensa, llena de cuan-   «brillante, muy limpia».
      to Dios crió!... Pero tú no parece que atiendes
935   a lo que estoy diciendo.

▼   Esta afirmación podía sonar irreverente, pues extrema el ridículo.

▼▼ No se le escapa este detalle a la madre. Son varias las menciones a la riqueza de
don Diego a lo largo de la obra (I, 8 y 9; II, 7, 8 y 9; III, 10).

DOÑA FRANCISCA: Sí, señora, bien lo oigo; pero no la quería interrumpir a usted.

DOÑA IRENE: Allí estarás, hija mía, como el pez en el agua; pajaritas del aire que apetecieras las tendrías, porque como él te quiere tanto, 940 y es un caballero tan de bien y tan temeroso de Dios... Pero mira, Francisquita, que me cansa de veras el que siempre que te hablo de esto hayas dado en la flor[15] de no responderme palabra... ¡Pues no es cosa particular[16], 945 señor!

[15] Has tomado la maña.

[16] Especial, singular.

DOÑA FRANCISCA: Mamá, no se enfade usted.

DOÑA IRENE: No es buen empeño de... ¿Y te parece a ti que no sé yo muy bien de dónde viene todo eso?... ¿No ves que conozco las locu- 950 ras que se te han metido en esa cabeza de chorlito?... ¡Perdóneme Dios!

DOÑA FRANCISCA: Pero... Pues ¿qué sabe usted?

DOÑA IRENE: ¿Me quieres engañar a mí, eh? ¡Ay, hija! He vivido mucho, y tengo yo mucha 955 trastienda[17] y mucha penetración para que tú me engañes.

[17] Cautela, fruto de la experiencia.

DOÑA FRANCISCA: *(Aparte.)* ¡Perdida soy!

DOÑA IRENE: Sin contar con su madre... Como si tal madre no tuviera... Yo te aseguro que 960 aunque no hubiera sido con esta ocasión, de todos modos era ya necesario sacarte del convento. Aunque hubiera tenido que ir a pie y sola por ese camino, te hubiera sacado de allí... ¡Mire usted qué juicio de niña éste! 965

Que porque ha vivido un poco de tiempo entre monjas, ya se la puso en la cabeza el ser
ella monja también... Ni qué entiende ella de
eso, ni qué... En todos los estados se sirve a
970   Dios, Frasquita[18], pero el complacer a su ma-   [18]Hipocorístico de
dre, asistirla, acompañarla y ser el consuelo   Francisca.
de sus trabajos, ésa es la primera obligación
de una hija obediente... Y sépalo usted, si no
lo sabe.

975   DOÑA FRANCISCA: Es verdad, mamá... Pero yo
nunca he pensado abandonarla a usted.

DOÑA IRENE: Sí, que no sé yo...

DOÑA FRANCISCA: No, señora. Créame usted.
La Paquita nunca se apartará de su madre, ni
980   la dará disgustos.

DOÑA IRENE: Mira si es cierto lo que dices.

DOÑA FRANCISCA: Sí, señora; que yo no sé men-
tir▼.

DOÑA IRENE: Pues, hija, ya sabes lo que te he di-
985   cho. Ya ves lo que pierdes, y la pesadumbre
que me darás si no te portas en todo como
corresponde... Cuidado con ello.

DOÑA FRANCISCA: (Aparte.) ¡Pobre de mí!

||||||||||||||||||||||||||||||||||||||||||||||||||||||||||||||||||||||||||||||||||||||||||||||||||||||||||||||||||||||||||||||||

▼ Ya lo comentaba antes con Rita (I, 9).

ESCENA V

DON DIEGO, DOÑA IRENE, DOÑA FRANCISCA

(Sale don Diego por la puerta del foro y deja sobre la mesa sombrero y bastón.)

DOÑA IRENE: Pues ¿cómo tan tarde?

DON DIEGO: Apenas salí tropecé con el rector   990
de Málaga y el doctor Padilla, y hasta que me
han hartado bien de chocolate ▼ y bollos no
me han querido soltar... *(Siéntase junto a doña
Irene.)* Y a todo esto, ¿cómo va?

DOÑA IRENE: Muy bien.   995

DON DIEGO: ¿Y doña Paquita?

DOÑA IRENE: Doña Paquita, siempre acordándo-
se de sus monjas. Ya la digo que es tiempo
de mudar de bisiesto[19], y pensar sólo en dar
gusto a su madre y obedecerla.   1000

DON DIEGO: ¡Qué diantre[20]! ¿Conque tanto se
acuerda de...?

DOÑA IRENE: ¿Qué se admira usted? Son niñas...
No saben lo que quieren, ni lo que aborre-
cen... En una edad así, tan...   1005

DON DIEGO: No; poco a poco; eso no. Precisamente en esa edad son las pasiones algo más
enérgicas y decisivas que en la nuestra, y por

[19] Cambiar de conducta.

[20] Eufemismo por «¡dia-blo!».

▼ En el Madrid del siglo XVIII se tomaba en las reuniones chocolate, azúcar rosado o agua de nieve. El propio Moratín confesaba: «Sin chocolate y sin teatro, soy hombre muerto.» Avanzada la pieza (III, 11), se propone para desayunar.

1010   cuanto la razón se halla todavía imperfecta y
       débil, los ímpetus del corazón son mucho
       más violentos... *(Asiendo de una mano a doña*
       Francisca, la hace sentar inmediata a él.) Pero de
       veras, doña Paquita, ¿se volvería usted al
       convento de buena gana?... La verdad.

1015   DOÑA IRENE: Pero si ella no...

       DON DIEGO: Déjela usted, señora; que ella res-
       ponderá.

       DOÑA FRANCISCA: Bien sabe usted lo que acabo
       de decirla... No permita Dios que yo la dé
1020   que sentir.

       DON DIEGO: Pero lo dice usted tan afligida y...

       DOÑA IRENE: Si es natural, señor. ¿No ve usted
       que...?

       DON DIEGO: Calle usted, por Dios, doña Irene, y
1025   no me diga usted a mí lo que es natural. Lo
       que es natural es que la chica esté llena de
       miedo, y no se atreva a decir una palabra
       que se oponga a lo que su madre quiere que
       diga... Pero si esto hubiese, por vida mía que
1030   estábamos lucidos.

       DOÑA FRANCISCA: No, señor; lo que dice su
       merced, eso digo yo; lo mismo. Porque en
       todo lo que me mande la obedeceré.

       DON DIEGO: ¡Mandar, hija mía!... En estas mate-
1035   rias tan delicadas los padres que tienen juicio
       no mandan. Insinúan, proponen, aconsejan;
       eso sí, todo eso sí; ¡pero mandar!... ¿Y quién
       ha de evitar después las resultas funestas[21] de
       lo que mandaron?... Pues ¿cuántas veces ve-
1040   mos matrimonios infelices, uniones mons-

       ----
       [21] Desgraciadas.

truosas, verificadas solamente porque un padre tonto se metió a mandar lo que no debie-
ra?... ¡Eh! No, señor; eso no va bien... Mire usted, doña Paquita, yo no soy de aquellos
hombres que se disimulan los defectos. Yo sé   1045
que ni mi figura ni mi edad son para enamo-
rar perdidamente a nadie; pero tampoco he
creído imposible que una muchacha de juicio
y bien criada llegase a quererme con aquel
amor tranquilo y constante que tanto se pa-   1050
rece a la amistad, y es el único que puede hacer los matrimonios felices. Para conseguirlo
no he ido a buscar ninguna hija de familia de
estas que viven en una decente libertad... Decente, que yo no culpo lo que no se opone al   1055
ejercicio de la virtud. Pero ¿cuál sería entre
todas ellas la que no estuviese ya prevenida
en favor de otro amante más apetecible que
yo? Y en Madrid, figúrese usted en un Ma-
drid▼... Lleno de estas ideas me pareció que   1060
tal vez hallaría en usted todo cuanto deseaba.

DOÑA IRENE: Y puede usted creer, señor don
Diego, que...

DON DIEGO: Voy a acabar, señora; déjeme usted
acabar. Yo me hago cargo, querida Paquita,   1065
de lo que habrán influido en una niña tan
bien inclinada como usted las santas costumbres que ha visto practicar en aquel inocente
asilo de la devoción y la virtud, pero si a pesar de todo esto la imaginación acalorada, las   1070
circunstancias imprevistas, la hubiesen hecho

———————————————————

▼ Aquí, Fernández de Moratín acierta dando a las palabras del caballero un tono
vivo, coloquial.

elegir sujeto más digno, sepa usted que yo no
quiero nada con violencia▼. Yo soy inge-
nuo[22]; mi corazón y mi lengua no se contradi-
1075   cen jamás. Esto mismo la pido a usted, Paquita: sinceridad. El cariño que a usted la tengo
no la debe hacer infeliz... Su madre de usted
no es capaz de querer una injusticia, y sabe
muy bien que a nadie se le hace dichoso por
1080   fuerza. Si usted no halla en mí prendas que la
inclinen, si siente algún otro cuidadillo en su
corazón, créame usted, la menor disimula-
ción en esto nos daría a todos muchísimo
que sentir.

[22] Sincero.

1085   DOÑA IRENE: ¿Puedo hablar ya, señor?

DON DIEGO: Ella, ella debe hablar, y sin apunta-
dor y sin intérprete.

DOÑA IRENE: Cuando yo se lo mande.

DON DIEGO: Pues ya puede usted mandárselo,
1090   porque a ella la toca responder... Con ella he
de casarme, con usted no.

DOÑA IRENE: Yo creo, señor don Diego, que ni
con ella ni conmigo. ¿En qué concepto nos
tiene usted?... Bien dice su padrino, y bien
1095   claro me lo escribió pocos días ha, cuando le
di parte de este casamiento. Que aunque no
la ha vuelto a ver desde que la tuvo en la
pila, la quiere muchísimo; y a cuantos pasan
por el Burgo de Osma[23] les pregunta cómo
1100   está, y continuamente nos envía memorias
con el ordinario[24].

[23] Pueblo de la provin-
cia de Soria, con dióce-
sis sufragánea del arzo-
bispado de Burgos.
[24] Recadero.

▼ Ello va muy a propósito con la libertad que necesita el amor.

DOÑA IRENE

DON DIEGO: Y bien, señora, ¿qué escribió el padrino?... O, por mejor decir, ¿qué tiene que ver nada de eso con lo que estamos hablan-
1105 do?

DOÑA IRENE: Sí, señor, que tiene que ver; sí, señor. Y aunque yo lo diga, le aseguro a usted que ni un padre de Atocha[25] hubiera puesto una carta mejor que la que él me envió so-
1110 bre el matrimonio de la niña... Y no es ningún catedrático, ni bachiller[26], ni nada de eso, sino un cualquiera, como quien dice, un hombre de capa y espada[27], con un empleillo infeliz en el ramo del viento[28], que apenas le
1115 da para comer... Pero es muy ladino[29], y sabe de todo, y tiene una labia[30] y escribe que da gusto... Cuasi[31] toda la carta venía en latín, no le parezca a usted, y muy buenos consejos que me daba en ella... Que no es posible sino
1120 que adivinase lo que nos está sucediendo.

DON DIEGO: Pero, señora, si no sucede nada, ni hay cosa que a usted la deba disgustar.

DOÑA IRENE: Pues ¿no quiere usted que me disguste oyéndole hablar de mi hija en términos
1125 que...? ¡Ella otros amores ni otros cuidados!... Pues si tal hubiera... ¡Válgame Dios!..., la mataba a golpes▼, mire usted... Respóndele, una vez que quiere que hables, y que yo no chiste. Cuéntale los novios que dejaste en Ma-
1130 drid cuando tenías doce años, y los que has adquirido en el convento ▼▼ al lado de aque-

[25] Dominico de ese convento de Madrid.
[26] Que tiene el primer grado académico de una facultad.
[27] Sin títulos académicos ni de nobleza.
[28] Variedad de alcabala que pagaban los forasteros por los géneros que vendían.
[29] Sagaz.
[30] Persuasión y gracia hablando.
[31] Casi (en el habla vulgar).

▼ Esto lo intentará llevar a cabo en la escena 12 del acto III.
▼▼ He aquí todo un presagio.

lla santa mujer. Díselo para que se tranquilice, y...

DON DIEGO: Yo, señora, estoy más tranquilo
que usted.   1135

DOÑA IRENE: Respóndele.

DOÑA FRANCISCA: Yo no sé qué decir. Si ustedes
se enfadan.

DON DIEGO: No, hija mía; esto es dar alguna expresión a lo que se dice; pero enfadarnos no,   1140
por cierto. Doña Irene sabe lo que yo la estimo.

DOÑA IRENE: Sí, señor, que lo sé, y estoy sumamente agradecida a los favores que usted nos
hace... Por eso mismo...   1145

DON DIEGO: No se hable de agradecimiento;
cuanto yo puedo hacer, todo es poco... Quiero sólo que doña Paquita esté contenta.

DOÑA IRENE: ¿Pues no ha de estarlo? Responde.

DOÑA FRANCISCA: Sí, señor, que lo estoy.   1150

DON DIEGO: Y que la mudanza de estado que se
la previene[32] no la cueste el menor senti-
miento.

DOÑA IRENE: No, señor, todo al contrario...
Boda más a gusto de todos no se pudiera   1155
imaginar.

DON DIEGO: En esa inteligencia puedo asegurar-
la que no tendrá motivos de arrepentirse
después. En nuestra compañía vivirá querida
y adorada, y espero que a fuerza de benefi-   1160

---

[32] Prepara, prevé.

cios ▼ he de merecer su estimación y su amistad.

DOÑA FRANCISCA: Gracias, señor don Diego...
¡A una huérfana, pobre ▼▼, desvalida como
1165   yo!...

DON DIEGO: Pero de prendas tan estimables
que la hacen a usted digna todavía de mayor
fortuna.

DOÑA IRENE: Ven aquí, ven... Ven aquí, Paquita.

1170   DOÑA FRANCISCA: ¡Mamá! *(Levántase, abraza a su
madre y se acarician mutuamente.)*

DOÑA IRENE: ¿Ves lo que te quiero?

DOÑA FRANCISCA: Sí, señora.

DOÑA IRENE: ¿Y cuánto procuro tu bien, que no
1175   tengo otro pío[33] sino el de verte colocada ▼▼▼   [33] Deseo vivo y ansioso.
antes que yo falte?

DOÑA FRANCISCA: Bien lo conozco.

DOÑA IRENE: ¡Hija de mi vida! ¿Has de ser buena?

1180   DOÑA FRANCISCA: Sí, señora.

DOÑA IRENE: ¡Ay, que no sabes tú lo que te
quiere tu madre!

DOÑA FRANCISCA: Pues ¿qué? ¿No la quiero yo
a usted?

▼   El concierto matrimonial tiene la apariencia de un negocio, de un trueque, más
que de otra cosa.

▼▼   En efecto, además de la diferencia de edad, los prometidos tienen distinto estado
de fortuna.

▼▼▼ Ése es el principal móvil de doña Irene.

DON DIEGO: Vamos, vamos de aquí. *(Levántase* 1185
don Diego, y depués doña Irene.) No venga alguno y nos halle a los tres llorando como tres
chiquillos.

DOÑA IRENE: Sí, dice usted bien.

(Vanse los dos al cuarto de doña Irene. Doña Francis- 1190
ca va detrás, y Rita, que sale por la puerta del foro,
la hace detener.)

COMENTARIO 3 (Escena V. Líneas 989-1091)

► *¿Qué sucede en esta escena?*

► *¿Cuáles son las ideas más importantes expresadas aquí por don Diego?*

► *Expón tu postura personal razonada respecto a lo que piensa don Diego.*

► *¿Qué rasgo característico de doña Irene, y anunciado en la escena I, se manifiesta en este fragmento?*

► *Fíjate en los adjetivos calificativos utilizados por don Diego en sus inter-venciones, y valora su posición y su significado.*

► *En varios momentos se repiten, en boca de don Diego, algunas palabras: ¿qué efecto estilístico se consigue con ello?*

► *Localiza casos de laísmo en estos parlamentos.*

► *Califica con tres adjetivos a estos tres personajes, de tal manera que quede reflejado su carácter.*

ESCENA VI

RITA, DOÑA FRANCISCA

RITA: Señorita... ¡Eh! chit..., señorita.

DOÑA FRANCISCA: ¿Qué quieres?

1195 RITA: Ya ha venido.

DOÑA FRANCISCA: ¿Cómo?

RITA: Ahora mismo acaba de llegar. Le he dado
un abrazo con licencia de usted, y ya sube
por la escalera.

1200 DOÑA FRANCISCA: ¡Ay, Dios!... ¿Y qué debo hacer?

RITA: ¡Donosa[34] pregunta!... Vaya, lo que importa es no gastar el tiempo en melindres[35] de
amor... Al asunto... y juicio▼... Y mire usted
1205 que en el paraje en que estamos la conversación no puede ser muy larga... Ahí está.

DOÑA FRANCISCA: Sí... Él es.

RITA: Voy a cuidar de aquella gente... Valor, señorita, y resolución▼▼. *(Rita se entra en el cuar-*
1210 *to de doña Irene.)*

DOÑA FRANCISCA: No, no; que yo también...
Pero no lo merece.

[34] Bonita (con sentido irónico).

[35] Afectación en palabras, acciones o ademanes.

▼ Rita es servidora sensata y no alocada, aun dentro de su papel de tercera.

▼▼ Esto es lo que falla en el personaje de doña Francisca, quien se siente excesiva-
mente coaccionada por el amor que siente por su madre —luego se confirma cuando habla con don Carlos (II, 7)—, y por un respeto y una obediencia para con las
decisiones de los mayores que pueden ahogar el criterio personal responsable.

ESCENA VII

DON CARLOS, DOÑA FRANCISCA

(Sale don Carlos por la puerta del foro.)

DON CARLOS: ¡Paquita!... ¡Vida mía! Ya estoy
aquí... ¿Cómo va, hermosa; cómo va?

DOÑA FRANCISCA: Bien venido.   1215

DON CARLOS: ¿Cómo tan triste?... ¿No merece
mi llegada más alegría?

DOÑA FRANCISCA: Es verdad; pero acaban de
sucederme cosas que me tienen fuera de
mí... Sabe usted... Sí, bien lo sabe usted... Des-   1220
pués de escrita aquella carta, fueron por mí...
Mañana a Madrid... Ahí está mi madre.

DON CARLOS: ¿En dónde?

DOÑA FRANCISCA: Ahí, en ese cuarto. *(Señalando
al cuarto de doña Irene.)*   1225

DON CARLOS: ¿Sola?

DOÑA FRANCISCA: No, señor.

DON CARLOS: Estará en compañía del prometido esposo. *(Se acerca al cuarto de doña Irene, se
detiene y vuelve.)* Mejor... Pero ¿no hay nadie   1230
más con ella?

DOÑA FRANCISCA: Nadie más, solos están...
¿Qué piensa usted hacer?

DON CARLOS: Si me dejase llevar de mi pasión y
1235   de lo que esos ojos me inspiran, una temeridad... Pero tiempo hay... Él también será
hombre de honor, y no es justo insultarle
porque quiere bien a una mujer tan digna de
ser querida... Yo no conozco a su madre de
1240   usted ni... Vamos, ahora nada se puede hacer... Su decoro de usted merece la primera
atención.

DOÑA FRANCISCA: Es mucho el empeño que tiene en que me case con él.

1245   DON CARLOS: No importa.

DOÑA FRANCISCA: Quiere que esta boda se cele-
bre así que lleguemos a Madrid.

DON CARLOS: ¿Cuál?... No. Eso no.

DOÑA FRANCISCA: Los dos están de acuerdo, y
1250   dicen...

DON CARLOS: Bien... Dirán... Pero no puede ser.

DOÑA FRANCISCA: Mi madre no me habla continuamente de otra materia. Me amenaza, me
ha llenado de temor... Él insta [36] por su parte,   [36] Insiste con ahínco.
1255   me ofrece tantas cosas, me...

DON CARLOS: Y usted, ¿qué esperanza le da?...
¿Ha prometido quererle mucho?

DOÑA FRANCISCA: ¡Ingrato!... ¿Pues no sabe usted que...? ¡Ingrato!

1260   DON CARLOS: Sí; no lo ignoro, Paquita... Yo he
sido el primer amor.

DOÑA FRANCISCA: Y el último.

DON CARLOS: Y antes perderé la vida que renunciar al lugar que tengo en ese corazón...
Todo él es mío... ¿Digo bien? *(Asiéndola de las   1265
manos.)*

DOÑA FRANCISCA: ¿Pues de quién ha de ser?

DON CARLOS: ¡Hermosa! ¡Qué dulce esperanza
me anima!... Una sola palabra de esa boca
me asegura... Para todo me da valor... En fin,   1270
ya estoy aquí... ¿Usted me llama para que la
defienda, la libre, la cumpla una obligación
mil y mil veces prometida? Pues a eso mismo
vengo yo... Si ustedes se van a Madrid mañana, yo voy también. Su madre de usted sabrá   1275
quién soy... Allí puedo contar con el favor de
un anciano respetable y virtuoso, a quien
más que tío debo llamar amigo y padre. No
tiene otro deudo[37] más inmediato ni más
querido que yo, es hombre muy rico, y si los   1280
dones de la fortuna tuviesen para usted algún atractivo, esta circunstancia añadiría felicidades a nuestra unión.

DOÑA FRANCISCA: ¿Y qué vale para mí toda la
riqueza del mundo?   1285

DON CARLOS: Ya lo sé. La ambición no puede
agitar a un alma tan inocente.

DOÑA FRANCISCA: Querer y ser querida... No
apetezco más ni conozco mayor fortuna.

DON CARLOS: Ni hay otra... Pero usted debe se-   1290
renarse, y esperar que la suerte mude nuestra aflicción presente en durables dichas.

---

[37] Familiar.

1295 DOÑA FRANCISCA: ¿Y qué se ha de hacer para
que a mi pobre madre no la cueste una pesadumbre?... ¡Me quiere tanto!... Si acabo de decirla que no la disgustaré, ni me apartaré de
su lado jamás; que siempre seré obediente y
buena... ¡Y me abrazaba con tanta ternura!
Quedó tan consolada con lo poco que acerté
1300 a decirla... Yo no sé, no sé qué camino ha de
hallar usted para salir de estos ahogos.

DON CARLOS: Yo le buscaré... ¿No tiene usted
confianza en mí?

DOÑA FRANCISCA: ¿Pues no he de tenerla?
1305 ¿Piensa usted que estuviera yo viva si esa esperanza no me animase? Sola y desconocida
de todo el mundo, ¿qué había yo de hacer? Si
usted no hubiese venido, mis melancolías me
hubieran muerto, sin tener a quién volver los
1310- ojos, ni poder comunicar a nadie la causa de
ellas... Pero usted ha sabido proceder como
caballero y amante, y acaba de darme con su
venida la prueba de lo mucho que me quiere. *(Se enternece y llora.)*

1315 DON CARLOS: ¡Qué llanto!... ¡Cómo persuade!...
Sí, Paquita, yo solo basto para defenderla a
usted de cuantos quieran oprimirla. A un
amante favorecido, ¿quién puede oponérse-
le? Nada hay que temer.

1320 DOÑA FRANCISCA: ¿Es posible?

DON CARLOS: Nada... Amor ha unido nuestras
almas en estrechos nudos, y sólo la muerte
bastará a dividirlas.

ESCENA VIII

RITA, DON CARLOS, DOÑA FRANCISCA

RITA: Señorita, adentro. La mamá pregunta por usted. Voy a traer la cena, y se van a recoger   1325
al instante... Y usted, señor galán, ya puede también disponer de su persona.

DON CARLOS: Sí, que no conviene anticipar sospechas... Nada tengo que añadir.

DOÑA FRANCISCA: Ni yo.   1330

DON CARLOS: Hasta mañana. Con la luz del día veremos a este dichoso competidor ▾.

RITA: Un caballero muy honrado, muy rico, muy prudente; con su chupa[38] larga, su camisola[39] limpia y sus sesenta años debajo del pe-   1335
luquín. *(Se va por la puerta del foro.)*

DOÑA FRANCISCA: Hasta mañana.

DON CARLOS: Adiós, Paquita.

DOÑA FRANCISCA: Acuéstese usted y descanse.

DON CARLOS: ¿Descansar con celos?   1340

DOÑA FRANCISCA: ¿De quién?

DON CARLOS: Buenas noches... Duerma usted bien, Paquita.

DOÑA FRANCISCA: ¿Dormir con amor?

[38] Prenda a modo de chaleco con faldillas y mangas.

[39] Camisa fina de hombre, usada sobre la interior, con cuello, puños y pechera.

▾ La suerte le depara un encuentro anticipado (II, 11).

1345   DON CARLOS: Adiós, vida mía.

        DOÑA FRANCISCA: Adiós.

        (Éntrase al cuarto de doña Irene.)

                        ESCENA IX

                DON CARLOS, CALAMOCHA, RITA

        DON CARLOS: ¡Quitármela! *(Paseándose inquieto.)*
        No..., sea quien fuere, no me la quitará. Ni su
1350   madre ha de ser tan imprudente que se obs-
        tine en verificar[40] ese matrimonio repugnán-   [40] Efectuar.
        dolo su hija..., mediando yo... ¡Sesenta años!...
        Precisamente será muy rico... ¡El dinero!...
        Maldito él sea, que tantos desórdenes origi-   [41] Planta que crece en
1355   na.   lugares con agua abun-
                                                                     dante. Sus hojas tienen
                                                                     cierto sabor picante.
        CALAMOCHA: Pues, señor, *(Sale por la puerta del*
        foro), tenemos un medio cabrito asado, y... a   [42] Planta vivaz que se
        lo menos parece cabrito. Tenemos una mag-   cría en montañas altas,
        nífica ensalada de berros[41], sin anapelos[42] ni   resulta venenosa cuan-
                                                                     do ha madurado la se-
1360   otra materia extraña, bien lavada, escurrida   milla.
        y condimentada por estas manos pecadoras,
        que no hay más que pedir. Pan de Meco[43],   [43] Villa del partido de
        vino de la Tercia[44]... Conque si hemos de ce-   Alcalá de Henares, cé-
        nar y dormir, me parece que sería bueno...   lebre por su pan.

                                                                     [44] Antiguo concejo de
1365   DON CARLOS: Vamos... ¿Y adónde ha de ser?   la provincia de León,
                                                                     que comprendía varios
                                                                     pueblos.

DOÑA FRANCISCA

CALAMOCHA: Abajo... Allí he mandado disponer una angosta[45] y fementida[46] mesa, que
parece un banco de herrador.

45 Reducida.

46 Engañosa.

1370   RITA: ¿Quién quiere sopas? *(Sale por la puerta del
foro con unos platos, taza, cuchara y servilleta.)*

DON CARLOS: Buen provecho.

CALAMOCHA: Si hay alguna real moza que guste
de cenar cabrito, levante el dedo.

1375   RITA: La real moza se ha comido ya media ca-
zuela de albondiguillas... Pero lo agradece, señor militar. *(Éntrase al cuarto de doña Irene.)*

CALAMOCHA: Agradecida te quiero yo, niña de
mis ojos.

DON CARLOS: Conque ¿vamos?

1380   CALAMOCHA: ¡Ay, ay, ay!... *(Calamocha se encamina a la puerta del foro, y vuelve; hablan él y don
Carlos, con reservas, hasta que Calamocha se adelanta a saludar a Simón.)* ¡Eh! Chit, digo...

DON CARLOS: ¿Qué?

1385   CALAMOCHA: ¿No ve usted lo que viene por
allí?

DON CARLOS: ¿Es Simón?

CALAMOCHA: El mismo... Pero ¿quién diablos
le...?

1390   DON CARLOS: ¿Y qué haremos?.

CALAMOCHA: ¿Qué sé yo?... Sonsacarle, mentir
y... ¿Me da usted licencia para que...?

DON CARLOS: Sí; miente lo que quieras... ¿A
qué habrá venido este hombre?

ESCENA X

SIMÓN, DON CARLOS, CALAMOCHA

(Simón sale por la puerta del foro.)

CALAMOCHA: Simón, ¿tú por aquí?   1395

[47] Interjección usada para saludo, hoy más bien sólo como despedida.

SIMÓN: Adiós[47], Calamocha. ¿Cómo va?

CALAMOCHA: Lindamente.

SIMÓN: ¡Cuánto me alegro de...!

DON CARLOS: ¡Hombre! ¿Tú en Alcalá? ¿Pues qué novedad es ésta?   1400

[48] Expresión familiar de juramento y amenaza.

SIMÓN: ¡Oh, que estaba usted ahí, señorito!... ¡Voto a sanes[48]!

DON CARLOS: ¿Y mi tío?

SIMÓN: Tan bueno.

CALAMOCHA: ¿Pero se ha quedado en Madrid o...?   1405

SIMÓN: ¿Quién me había de decir a mí...? ¡Cosa como ella! Tan ajeno estaba yo ahora de... Y usted, de cada vez más guapo... ¿Conque usted irá a ver al tío, eh?   1410

CALAMOCHA: Tú habrás venido con algún encargo del amo.

SIMÓN: ¡Y qué calor traje, y qué polvo por ese camino! ¡Ya, ya!

CALAMOCHA: Alguna cobranza tal vez, ¿eh?   1415

DON CARLOS: Puede ser. Como tiene mi tío ese poco de hacienda en Ajalvir[49]... ¿No has venido a eso?

SIMÓN: ¡Y qué buena maula[50] le ha salido el tal administrador! Labriego más marrullero[51] y más bellaco no le hay en toda la campiña... ¿Conque usted viene ahora de Zaragoza?

DON CARLOS: Pues... Figúrate tú.

SIMÓN: ¿O va usted allá?

DON CARLOS: ¿Adónde?

SIMÓN: A Zaragoza. ¿No está allí el regimiento?

CALAMOCHA: Pero, hombre, si salimos el verano pasado de Madrid, ¿no habíamos de haber andado más de cuatro leguas?

SIMÓN: ¿Qué sé yo? Algunos van por la posta y tardan más de cuatro meses en llegar... Debe de ser un camino muy malo.

CALAMOCHA: (Aparte, separándose de Simón) ¡Maldito seas tú y tu camino, y la bribona que te dio papilla!

DON CARLOS: Pero aún no me has dicho si mi tío está en Madrid o en Alcalá, ni a qué has venido, ni...

SIMÓN: Bien, a eso voy... Sí, señor, voy a decir a usted... Conque... Pues el amo me dijo...

[49] Pueblo del partido judicial de Alcalá de Henares.

[50] Tramposo, mal cumplidor de sus obligaciones.

[51] Que usa de astucias y halagos para engañar a alguien.

ESCENA XI

DON DIEGO, DON CARLOS, SIMÓN, CALAMOCHA

DON DIEGO: No *(Desde adentro.)* ▼, no es menester; si hay luz aquí. Buenas noches, Rita. *(Don
Carlos se turba y se aparta a un extremo del teatro.)*

DON CARLOS: ¡Mi tío!...   1445

DON DIEGO: ¡Simón! *(Sale del cuarto de doña Irene,
encaminándose al suyo: repara en don Carlos y se
acerca a él. Simón le alumbra y vuelve a dejar la
luz sobre la mesa.)*

SIMÓN: Aquí estoy, señor.   1450

DON CARLOS: *(Aparte.)* ¡Todo se ha perdido!

DON DIEGO: Vamos... Pero... ¿quién es?

SIMÓN: Un amigo de usted, señor.

DON CARLOS: *(Aparte.)* ¡Yo estoy muerto!

DON DIEGO: ¿Cómo un amigo?... ¿Qué?... Acer- 1455
ca esa luz.

DON CARLOS: Tío *(En ademán de besar la mano a
don Diego, que le aparta de sí con enojo.)*

DON DIEGO: Quítate de ahí.

DON CARLOS: Señor.   1460

▼ Don Diego ha estado acompañando a doña Irene, en la habitación de ésta, desde
la escena 5 de este mismo acto.

DON DIEGO: Quítate... No sé cómo no le... ¿Qué
haces aquí?

DON CARLOS: Si usted se altera y...

DON DIEGO: ¿Qué haces aquí▼?

1465 DON CARLOS: Mi desgracia me ha traído.

DON DIEGO: ¡Siempre dándome que sentir,
siempre! Pero... *(Acercándose a don Carlos.)*
¿Qué dices? ¿De veras ha ocurrido alguna
desgracia? Vamos... ¿Qué te sucede?... ¿Por
1470 qué estás aquí?

CALAMOCHA: Porque le tiene a usted ley[52], y le
quiere bien, y...

[52] Fidelidad.

DON DIEGO: A ti no te pregunto nada... ¿Por
qué has venido de Zaragoza sin que yo lo
1475 sepa?... ¿Por qué te asusta el verme?... Algo
has hecho: sí, alguna locura has hecho que le
habrá de costar la vida a tu pobre tío.

DON CARLOS: No, señor; que nunca olvidaré las
máximas de honor y prudencia que usted me
1480 ha inspirado tantas veces.

DON DIEGO: Pues, ¿a qué viniste? ¿Es desafío?
¿Son deudas? ¿Es algún disgusto con tus je-
fes?... Sácame de esta inquietud, Carlos...
Hijo mío, sácame de este afán.

1485 CALAMOCHA: Si todo ello no es más que...

▼ En la primera escena de la obra recordaba a Simón el enfado que le causó saber
la estancia prolongada de su sobrino en Madrid (pero en realidad fue en Guadalajara).

DON DIEGO: Ya he dicho que calles... Ven acá.
(Tomándole de la mano se aparta con él a un ex-
tremo del teatro y le habla en voz baja.) Dime qué
ha sido.

DON CARLOS: Una ligereza, una falta de sumi-   1490
sión a usted... Venir a Madrid sin pedirle licencia primero... Bien arrepentido estoy, considerando la pesadumbre que le he dado al
verme.

DON DIEGO: ¿Y qué otra cosa hay?   1495

DON CARLOS: Nada más, señor.

DON DIEGO: Pues, ¿qué desgracia era aquella de
que me hablaste?

DON CARLOS: Ninguna. La de hallarle a usted
en este paraje... y haberle disgustado tanto,   1500
cuando yo esperaba sorprenderle en Madrid,
estar en su compañía algunas semanas y volverme contento de haberle visto.

DON DIEGO: ¿No hay más?

DON CARLOS: No, señor.   1505

DON DIEGO: Míralo bien.

DON CARLOS: No, señor... A eso venía. No hay
nada más.

DON DIEGO: Pero no me digas tú a mí... Si es imposible que estas escapadas se... No, señor...   1510
¿Ni quién ha de permitir que un oficial se

vaya cuando se le antoje, y abandone de ese
modo sus banderas ▼...? Pues si tales ejemplos
se repitieran mucho, adiós disciplina militar...

1515   Eso no puede ser.

Don Carlos: Considere usted, tío, que estamos
en tiempo de paz; que en Zaragoza no es necesario un servicio tan exacto como en otras
plazas, en que no se permite descanso a la

1520   guarnición... Y, en fin, puede usted creer que
este viaje supone la aprobación y la licencia
de mis superiores, que yo también miro por
mi estimación, y que cuando me he venido
estoy seguro de que no hago falta.

1525   Don Diego: Un oficial siempre hace falta a sus
soldados. El rey le tiene allí para que los ins-
truya, los proteja y les dé ejemplo de subordi-
nación, de valor, de virtud.

Don Carlos: Bien está; pero ya he dicho los

1530   motivos...

Don Diego: Todos esos motivos no valen
nada... ¡Porque le dio la gana de ver al tío!...
Lo que quiere su tío de usted no es verle
cada ocho días, sino saber que es hombre de

1535   juicio y que cumple con sus obligaciones. Eso
es lo que quiere... Pero *(Alza la voz y se pasea
con inquietud.)* yo tomaré mis medidas para
que estas locuras no se repitan otra vez... Lo
que usted ha de hacer ahora es marcharse

1540   inmediatamente.

||||||||||||||||||||||||||||||||||||||||||||||||||||||||||||||||||||||||||||||||||||||||||||||||||||||||||||||||||||||||||||||||||||||||

▼ La expresión metonímica «abandonar sus banderas» equivale en sentido figura-
do a incumplir su obligación como militar.

DON CARLOS: Señor, si...

DON DIEGO: No hay remedio... Y ha de ser al
instante. Usted no ha de dormir aquí.

CALAMOCHA: Es que los caballos no están ahora
para correr... ni pueden moverse.   1545

DON DIEGO: Pues con ellos *(A Calamocha.)* y con
las maletas al mesón de afuera▼. Usted *(A
don Carlos.)* no ha de dormir aquí... Vamos *(A
Calamocha.)* tú, buena pieza, menéate. Abajo
con todo. Pagar el gasto que se haya hecho,   1550
sacar los caballos y marchar ▼▼... Ayúdale tú...
(A Simón.) ¿Qué dinero tienes ahí?

SIMÓN: Tendré unas cuatro o seis onzas[53]. *(Saca
de un bolsillo algunas monedas y se las da a don
Diego.)*   1555

DON DIEGO: Dámelas acá... Vamos, ¿qué haces?
(A Calamocha.) ¿No he dicho que ha de ser al instante?... Volando. Y tú *(A Simón.)* ve con él,
ayúdale, y no te me ▼▼▼ apartes de allí hasta
que se hayan ido.   1560

(Los dos criados entran en el cuarto de don Carlos.)

[53] Moneda de oro usa-
da desde tiempos de
Felipe III hasta Fernan-
do VII. Equivalía a tres-
cientos veinte reales.

▼ Fuera del recinto de la ciudad de Alcalá.

▼▼ Infinitivos con valor de imperativo, como éstos, son frecuentes en el lenguaje familiar y popular.

▼▼▼ Dativo ético, que implica vinculación afectiva.

COMENTARIO 4 (Escena XI. Líneas 1441-1561)

▬ *¿Cómo se enlaza esta escena con la que le precede y con la que le sigue?*

▬ *¿Cómo se manifiesta lingüísticamente la reacción de don Diego?*

▬ *Observa los distintos tratamientos (tú/usted) entre los personajes, teniendo en cuenta la relación que les une.*

▬ *Identifica las diferentes formas personales del verbo que se emplean en esta escena, y explica los valores expresivos que presentan.*

▬ *Ejemplifica en el texto las funciones del lenguaje que se reconocen en este diálogo.*

▬ *El espacio escénico provoca una alteración en el desarrollo de la comedia, según se comprobará en las escenas 15 y 16 de este mismo acto. Explícalo.*

▬ *Analiza la figura de Calamocha y su participación en este episodio.*

▬ *¿Por qué don Diego manda a su sobrino que abandone la posada? ¿Te parece razonable esta determinación?*

ESCENA XII

DON DIEGO, DON CARLOS

DON DIEGO: Tome usted. *(Le da el dinero.)*

Con eso hay bastante para el camino... Vamos,
que cuando yo lo dispongo así bien sé lo que
1565   me hago... ¿No conoces que es todo por tu
bien ▼ y que ha sido un desatino lo que aca-
bas de hacer?... Y no hay que afligirse por
eso, ni creas que es falta de cariño... Ya sabes
lo que te he querido siempre; y en obrando
1570   tú ▼▼ según corresponde, seré tu amigo como
lo he sido hasta aquí.

DON CARLOS: Ya lo sé.

DON DIEGO: Pues bien; ahora obecede lo que te
mando.

1575   DON CARLOS: Lo haré sin falta.

DON DIEGO: Al mesón de afuera. *(A los criados,
que salen con los trastos del cuarto de don Carlos y
se van por la puerta del foro.)* Allí puedes dormir, mientras los caballos comen y descan-
1580   san... Y no me vuelvas aquí por ningún pre-
texto ni entres en la ciudad... ¡Cuidado! Y a
eso de las tres o las cuatro, marchar. Mira
que he de saber a la hora que sales. ¿Lo entiendes?

||||||||||||||||||||||||||||||||||||||||||||||||||||||||||||||||||||||||||||||||||||||||||||||||||||||||||||||||||||||||||||||||

▼   Esa misma razón aduce doña Irene a su hija (II, 5).
▼▼ Esta construcción con gerundio equivale a una cláusula temporal-condicional.

DON CARLOS: Sí, señor.   1585

DON DIEGO: Mira que lo has de hacer.

DON CARLOS: Sí, señor; haré lo que usted manda.

DON DIEGO: Muy bien... Adiós... Todo te lo perdono... Vete con Dios... Y yo sabré también   1590
cuándo llegas a Zaragoza; no te parezca que
estoy ignorante de lo que hiciste la vez pasada.

DON CARLOS: ¿Pues qué hice yo?

DON DIEGO: Si te digo que lo sé, y que te lo perdono, ¿qué más quieres? No es tiempo ahora   1595
de tratar de eso. Vete.

DON CARLOS: Quede usted con Dios. *(Hace que se va, y vuelve.)*

DON DIEGO: ¿Sin besar la mano a tu tío, eh?   1600

DON CARLOS: No me atreví. *(Besa la mano a don Diego y se abrazan.)*

DON DIEGO: Y dame un abrazo, por si no nos volvemos a ver.

DON CARLOS: ¿Qué dice usted? ¡No lo permita   1605
Dios!

DON DIEGO: ¡Quién sabe, hijo mío! ¿Tienes algunas deudas? ¿Te falta algo?

DON CARLOS: No, señor; ahora, no.

1610   DON DIEGO: Mucho es, porque tú siempre tiras
          por largo... Como cuentas con la bolsa del
          tío... Pues bien; yo escribiré al señor Aznar
          para que te dé cien doblones[54] de orden mía.
          Y mira cómo lo gastas... ¿Juegas?

[54] Moneda antigua de oro, con diferente valor según las épocas. En ese momento era bastante dinero.

1615   DON CARLOS: No, señor; en mi vida.

          DON DIEGO: Cuidado con eso... Conque, buen
          viaje. Y no te acalores: jornadas regulares y
          nada más... ¿Vas contento?

          DON CARLOS: No, señor. Porque usted me quie-
1620   re mucho, me llena de beneficios, y yo le
          pago mal.

          DON DIEGO: No se hable ya de lo pasado...
          Adiós.

          DON CARLOS: ¿Queda usted enojado conmigo?

1625   DON DIEGO: No, por cierto... Me disgusté bas-
          tante, pero ya se acabó... No me des que sen-
          tir. *(Poniéndole ambas manos sobre los hombros.)*
          Portarse como hombre de bien.

          DON CARLOS: No lo dude usted.

1630   DON DIEGO: Como oficial de honor.

          DON CARLOS: Así lo prometo.

          DON DIEGO: Adiós, Carlos. *(Abrázanse.)*

          DON CARLOS: *(Aparte, al irse por la puerta del foro.)*
          ¡Y la dejo!... ¡Y la pierdo para siempre]!

ESCENA XIII

DON DIEGO

DON DIEGO: Demasiado bien se ha compuesto...   1635
Luego lo sabrá enhorabuena... Pero no es lo
mismo escribírselo que... Después de hecho
no importa nada... ¡Pero siempre aquel respeto al tío!... Como una malva [55] es.

(Se enjuga las lágrimas, toma una luz y se va a su   1640
cuarto. Queda oscura la escena por un breve espa-
cio.)

---

[55] Dócil, apacible.

ESCENA XIV

DOÑA FRANCISCA, RITA

(Salen del cuarto de doña Irene. Rita sacará una luz
y la pone sobre la mesa.)

RITA: Mucho silencio hay por aquí.

DOÑA FRANCISCA: Se habrán recogido ya... Esta-
rán rendidos.   1645

RITA: Precisamente.

DOÑA FRANCISCA: ¡Un camino tan largo!

RITA: ¡A lo que obliga el amor, señorita!

DOÑA FRANCISCA: Sí; bien puedes decirlo:
amor... Y yo, ¿qué no hiciera por él?   1650

RITA: Y deje usted, que no ha de ser éste el último milagro. Cuando lleguemos a Madrid,
entonces será ella... El pobre don Diego ¡qué
chasco se va a llevar! Y por otra parte, vea usted qué señor tan bueno, que cierto da lásti-   1655
ma...

DOÑA FRANCISCA: Pues en eso consiste todo. Si
    él fuese un hombre despreciable, ni mi ma-
    dre hubiera admitido su pretensión, ni yo
1660   tendría que disimular mi repugnancia▼...
    Pero ya es otro tiempo, Rita. Don Félix ha ve-
    nido, y ya no temo a nadie. Estando mi fortu-
    na en su mano me considero la más dichosa
    de las mujeres.

1665 RITA: ¡Ay! Ahora que me acuerdo... Pues poqui-
    to me lo encargó... Ya se ve, si con estos amo-
    res tengo yo también la cabeza... Voy por él.
    (Encaminándose al cuarto de doña Irene.)

DOÑA FRANCISCA: ¿A qué vas?

1670 RITA: El tordo, que ya se me olvidaba sacarle de
    allí.

DOÑA FRANCISCA: Sí, tráele, no empiece a rezar
    como anoche... Allí quedó junto a la venta-
    na... Y ve con cuidado, no despierte mamá.

1675 RITA: Sí; mire usted el estrépito de caballerías
    que anda por allá abajo... Hasta que llegue-
    mos a nuestra calle del Lobo[56], número siete,
    cuarto▼▼ segundo, no hay que pensar en dor-
    mir... Y ese maldito portón[57], que rechina,
1680   que...

DOÑA FRANCISCA: Te puedes llevar la luz.

RITA: No es menester, que ya sé dónde está.

(Vase al cuarto de doña Irene.)

[56] Hoy de Echegaray. La tradición alude a una piel de lobo relle- na de paja que tenía un cazador a la puerta de su casa.

[57] Puerta que divide el zaguán del resto de la casa.

▼   Doña Francisca se confiesa; antes, en I, 9, había dicho: «no me sale del corazón».

▼▼ Vale como decir «piso» o «planta». *Cuarto* es la parte de una casa destinada a vi-vienda de una familia. Todavía hoy emplean esa acepción algunos hablantes madrile-ños. Las otras veces en que se utiliza esta palabra en el texto significa «habitación».

ESCENA XV

SIMÓN, DOÑA FRANCISCA

(Sale por la puerta del foro Simón.)

DOÑA FRANCISCA: Yo pensé que estaban uste-
des acostados.   1685

SIMÓN: El amo ya habrá hecho esa diligencia;
pero yo todavía no sé en dónde he de tender
el rancho [58]... Y buen sueño que tengo.

[58] He de pararme para comer o descansar.

DOÑA FRANCISCA: ¿Qué gente nueva ha llegado
ahora?   1690

SIMÓN: Nadie. Son unos que estaban ahí, y se
han ido.

[59] Los que trajinan con bestias de carga de un lugar a otro.

DOÑA FRANCISCA: ¿Los arrieros [59]?

SIMÓN: No, señora. Un oficial y un criado suyo,
que parece que se van a Zaragoza.   1695

DOÑA FRANCISCA: ¿Quiénes dice usted que son?

SIMÓN: Un teniente coronel y su asistente.

DOÑA FRANCISCA: ¿Y estaban aquí?

SIMÓN: Sí, señora; ahí, en ese cuarto.

DOÑA FRANCISCA: No los he visto.   1700

[60] Según parece.

SIMÓN: Parece que llegaron esta tarde y... A la
cuenta [60] habrán despachado ya la comisión
que traían... Conque se han ido... Buenas noches, señorita.

(Vase al cuarto de don Diego.)   1705

ESCENA XVI

RITA, DOÑA FRANCISCA

DOÑA FRANCISCA: ¡Dios mío de mi alma! ¿Qué es esto?... No puedo sostenerme... ¡Desdichada! *(Siéntase en una silla junto a la mesa.)*

1710 RITA: Señorita, yo vengo muerta. *(Saca la jaula del tordo y la deja encima de la mesa; abre la puerta del cuarto de don Carlos y vuelve.)*

DOÑA FRANCISCA: ¡Ay, que es cierto!... ¿Tú lo sabes también?

1715 RITA: Deje usted, que todavía no creo lo que he visto... Aquí no hay nadie... ni maletas, ni ropa, ni... Pero ¿cómo podía engañarme? Si yo misma los he visto salir.

DOÑA FRANCISCA: ¿Y eran ellos?

RITA: Sí, señora. Los dos.

1720 DOÑA FRANCISCA: Pero ¿se han ido fuera de la ciudad?

RITA: Si no los he perdido de vista hasta que salieron por la Puerta de Mártires[61]... Como está un paso de aquí.

1725 DOÑA FRANCISCA: ¿Y es ése el camino de Aragón▼?

RITA: Ese es.

DOÑA FRANCISCA: ¡Indigno!... ¡Hombre indigno!

[61] Nombre que recuerda a los santos niños Justo y Pastor, mártires cristianos del siglo IV, que fueron degollados en Alcalá, la antigua *Complutum*, y que son los patronos de la misma.

▼ En efecto, aún hoy está en la frecuentada ruta de Madrid a Zaragoza.

Rita: Señorita.

Doña Francisca: ¿En qué te ha ofendido esta   1730
    infeliz?

Rita: Yo estoy temblando toda... Pero... Si es in-
    comprensible... Si no alcanzo a descubrir qué
    motivos ha podido haber para esta novedad.

Doña Francisca: ¿Pues no le quise más que a   1735
    mi vida?... ¿No me ha visto loca de amor?

Rita: No sé qué decir al considerar una acción
    tan infame.

Doña Francisca: ¿Qué has de decir? Que no
    me ha querido nunca, ni es hombre de   1740
    bien... ¿Y vino para esto? ¡Para engañarme,
    para abandonarme así! *(Levántase y Rita la sos-
    tiene.)*

Rita: Pensar que su venida fue con otro desig-
    nio no me parece natural... Celos... ¿Por qué   1745
    ha de tener celos? Y aun eso mismo debiera
    de enamorarle más. Él no es cobarde, y no
    hay que decir que habrá tenido miedo de su
    competidor.

Doña Francisca: Te cansas en vano... Di que   1750
    es un pérfido[62], di que es un monstruo de
    crueldad y todo lo has dicho.

Rita: Vamos de aquí, que puede venir alguien
    y...

Doña Francisca: Sí, vámonos... Vamos a llo-   1755
    rar... ¡Y en qué situación me deja!... Pero,
    ¿ves qué malvado?

Rita: Sí, señora; ya lo conozco.

----

[62] Desleal, traidor.

DOÑA FRANCISCA: ¡Qué bien supo fingir!... ¿Y
1760   con quién? Conmigo... ¿Pues yo merecí ser
        engañada tan alevosamente[63]...? ¿Mereció mi   [63] A traición.
        cariño este galardón?... ¡Dios de mi vida!
        ¿Cuál es mi delito, cuál es?

        (Rita coge la luz y se van entrambas al cuarto de
1765   *doña Francisca.)*

ACTO III

ACTO III

ESCENA PRIMERA

(Teatro obscuro. Sobre la mesa habrá un candelero
con vela apagada y la jaula del tordo. Simón duer-
me tendido en el banco.)

DON DIEGO, SIMÓN

DON DIEGO: *(Sale de su cuarto poniéndose la bata.)*
Aquí, a lo menos, ya que no duerma, no me
derretiré... Vaya, si alcoba como ella no se...
¡Cómo ronca éste!... Guardémosle el sueño
1770   hasta que venga el día, que ya poco puede
tardar... *(Simón despierta y se levanta.)* ¿Qué es
eso? Mira no te caigas, hombre.

SIMÓN: Qué, ¿estaba usted ahí, señor?

DON DIEGO: Sí, aquí me he salido, porque allí
1775   no se puede parar.

SIMÓN: Pues yo, a Dios gracias, aunque la cama
es algo dura, he dormido como un empera-
dor.

DON DIEGO: ¡Mala comparación!... Di que has
1780   dormido como un pobre hombre, que no tiene dinero, ni ambición, ni pesadumbres, ni
remordimientos.

SIMÓN: En efecto, dice usted bien... ¿Y qué hora
será ya?

1785 DON DIEGO: Poco ha que sonó el reloj de San
Justo, y si no conté mal, dio las tres.

SIMÓN: ¡Oh!, pues ya nuestros caballeros irán
por ese camino adelante echando chispas.

DON DIEGO: Sí, ya es regular que hayan salido...
Me lo prometió, y espero que lo hará.   1790

SIMÓN: ¡Pues si usted viera qué apesadumbrado
le dejé! ¡Qué triste!

DON DIEGO: Ha sido preciso.

SIMÓN: Ya lo conozco.

DON DIEGO: ¿No ves qué venida tan intempesti-   1795
va[1]?

[1] Inoportuna.

SIMÓN: Es verdad. Sin permiso de usted, sin avisarle, sin haber un motivo urgente... Vamos,
hizo muy mal... Bien que por otra parte él tiene prendas suficientes para que se le perdo-   1800
ne esta ligereza... Digo... Me parece que el
castigo no pasará adelante, ¿eh?

DON DIEGO: ¡No, qué! No, señor. Una cosa es
que le haya hecho volver... Ya ves en qué circunstancia nos cogía. Te aseguro que cuando   1805
se fue me quedó un ansia en el corazón. *(Sue-
nan a lo lejos tres palmadas, y poco después se oye
que puntean un instrumento.)* ¿Qué ha sonado?

SIMÓN: No sé... Gente que pasa por la calle. Se-
rán labradores.   1810

DON DIEGO: Calla.

SIMÓN: Vaya, música tenemos, según parece.

DON DIEGO: Sí, como lo hagan bien.

SIMÓN: ¿Y quién será el amante infeliz que se
viene a puntear[2] a estas horas en ese callejón
tan puerco?... Apostaré que son amores con
la moza de la posada, que parece un mico[3].

DON DIEGO: Puede ser.

SIMÓN: Ya empiezan, oigamos... *(Tocan una sona-*
ta[4] *desde adentro▼.)* Pues dígole a usted que
toca muy lindamente el pícaro del barberi-
llo[5].

DON DIEGO: No; no hay barbero que sepa hacer
eso, por muy bien que afeite.

SIMÓN: ¿Quiere usted que nos asomemos un
poco, a ver?...

DON DIEGO: No, dejarlos... ¡Pobre gente! ¡Quién
sabe la importancia que darán ellos a la tal
música!... No gusto yo de incomodar a nadie.
(Salen de su cuarto doña Francisca y Rita, encami-
nándose a la ventana. Don Diego y Simón se reti-
ran a un lado, y observan.)

SIMÓN: ¡Señor!... ¡Eh!... Presto, aquí a un ladito.

DON DIEGO: ¿Qué quieres?

SIMÓN: Que han abierto la puerta de esa alcoba,
y huele a faldas que trasciende.

DON DIEGO: ¿Sí?... Retirémonos.

[2] Tocar la guitarra hiriendo cada cuerda con un solo dedo.

[3] Persona chupada, de facciones salientes y flacas.

[4] Composición musical en varios tiempos o de fragmentos de diferente carácter.

[5] Era frecuente que tuviesen esta habilidad.

▼ En la edición de 1805 don Carlos canta: *Si duerme y reposa / la*
bella que adoro, / su paz deliciosa / no turbe mi lloro, / y en sueños corónela
de dichas de amor. / Pero si su mente / vagando delira, / si me llama ausente, / si celosa expira, / diréla mi bárbaro, / mi fiero dolor.

Línea de números de verso: 1815, 1820, 1825, 1830, 1835.

ESCENA II

DOÑA FRANCISCA, RITA, DON DIEG⟨

124

RITA: Con tiento[6], señorita.

DOÑA FRANCISCA: Siguiendo la pared, ¿no voy
bien? *(Vuelven a puntear el instrumento.)*   1840

RITA: Sí, señora... Pero vuelven a tocar... Silencio...

DOÑA FRANCISCA: No te muevas... Deja... Sepamos primero si es él.

RITA: ¿Pues no ha de ser?... La seña no puede   1845
mentir.

DOÑA FRANCISCA: Calla▼... Sí, él es... ¡Dios mío!
*(Acércase Rita a la ventana, abre la vidriera y da
tres palmadas. Cesa la música.)* Ve, responde...
Albricias[7], corazón. Él es.   1850

SIMÓN: ¿Ha oído usted?

DON DIEGO: Sí.

SIMÓN: ¿Qué querrá decir esto?

DON DIEGO: Calla.

DOÑA FRANCISCA: *(Se asoma a la ventana. Rita se*   1855
*queda detrás de ella. Los puntos suspensivos indi-
can las interrupciones más o menos largas.)* Yo

[6] Cuidado.

[7] Expresión de júbilo. Este arabismo equivale a «buena noticia», pero fue inicialmente la recompensa que se daba al que la traía.

▼ En la primera edición vuelve a interpretar don Carlos el principio de la canción de la escena 1 de este acto.

soy... Y ¿qué había de pensar viendo lo que usted acaba de hacer?... ¿Qué fuga es és-
560 ta?... Rita *(Apartándose de la ventana, y vuelve después a asomarse.)*, amiga, por Dios, ten cui-dado, y si oyeres algún rumor, al instante aví-same... ¿Para siempre▼? ¡Triste de mí!... Bien está, tírela usted... Pero yo no acabo de en-
1865 tender... ¡Ay, don Félix! Nunca le he visto a usted tan tímido... *(Tiran desde adentro una car-ta que cae por la ventana al teatro. Doña Francisca la busca, y no hallándola vuelve a asomarse.)* No, no la he cogido; pero aquí está sin duda... ¿Y
1870 no he de saber yo hasta que llegue el día los motivos que tiene usted para dejarme mu-riendo?... Sí, yo quiero saberlo de boca de us-ted. Su Paquita de usted se lo manda... Y ¿cómo le parece a usted que estará el mío?...
1875 No me cabe en el pecho... Diga usted. *(Simón se adelanta un poco, tropieza con la jaula y la deja caer.)*

RITA: Señorita, vamos de aquí.. Presto, que hay gente.

1880 DOÑA FRANCISCA: ¡Infeliz de mí!... Guíame.

RITA: Vamos. *(Al retirarse tropieza con Simón. Las dos se van al cuarto de doña Francisca.)* ¡Ay!

DOÑA FRANCISCA: ¡Muerta voy!

||||||||||||||||||||||||||||||||||||||||||||||||||||||||||||||||||||||||||||||||||||||||||||||||||||||||||||||||||||||||||||||||||||||||||

▼ Véanse las palabras de don Carlos al acabarse la escena 13 del acto segundo.

ESCENA III

DON DIEGO, SIMÓN

DON DIEGO: ¿Qué grito fue ése?

SIMÓN: Una de las fantasmas [8], que al retirarse   1885
tropezó conmigo.

DON DIEGO: Acércate a esa ventana y mira si
hallas en el suelo un papel... ¡Buenos estamos!

SIMÓN: *(Tentando por el suelo, cerca de la ventana.)*   1890
No encuentro nada, señor.

DON DIEGO: Búscale ▾ bien, que por ahí ha de
estar.

SIMÓN: ¿Le tiraron desde la calle?

DON DIEGO: Sí... ¿Qué amante es éste?... ¡Y die-   1895
ciséis años y criada en un convento! Acabó ya
toda mi ilusión.

SIMÓN: Aquí está. *(Halla la carta, y se la da a don
Diego.)*

DON DIEGO: Vete abajo, y enciende una luz... En   1900
la caballeriza o en la cocina... Por ahí habrá
algún farol... Y vuelve con ella al instante.

(Vase Simón por la puerta del foro.)

[8] Persona que simula ser una aparición. Hoy el empleo femenino de esta palabra es arcaísmo rústico.

▾ Aquí, y más abajo, en lugar de *le* debía haberse utilizado *lo,* por tratarse de objeto directo de cosa (no de persona). Ejemplo, por tanto, de leísmo.

ESCENA IV

DON DIEGO

(Apoyándose en el respaldo de una silla.)

DON DIEGO: ¿Y a quién debo culpar?
1905   ¿Es ella la delincuente, o su madre, o sus tías, o
       yo?... ¿Sobre quién..., sobre quién ha de caer
       esta cólera, que por más que lo procuro no la
       sé reprimir▼?... ¡La naturaleza la hizo tan
       amable a mis ojos!... ¡Qué esperanzas tan ha-
1910   lagüeñas concebí! ¡Qué felicidades me pro-
       metía!... ¡Celos!... ¿Yo?... ¡En qué edad tengo
       celos!... Vergüenza es... Pero esta inquietud
       que yo siento, esta indignación, estos deseos
       de venganza, ¿de qué provienen? ¿Cómo he
1915   de llamarlos? Otra vez parece que... *(Advir-*
       tiendo que suena ruido en la puerta del cuarto de
       doña Francisca, se retira a un extremo del teatro.)
       Sí.

ESCENA V

RITA, DON DIEGO, SIMÓN

RITA: Ya se han ido... *(Observa, escucha, asómase*
1920   *después a la ventana y busca la carta por el suelo.)*
       ¡Válgame Dios!... El papel estará muy bien es-
       crito, pero el señor don Félix es un grandísi-

▼ Todos los personajes protagonistas de esta comedia aparecen enfadados en alguna ocasión: doña Irene (II, 4; III, 11 y 12); don Carlos (II, 9); don Diego (II, 11 y 12; III,
9), y doña Francisca (II, 16).

....
[9] Aparecen.

mo picarón... ¡Pobrecita de mi alma!... Se
muere sin remedio... Nada, ni perros pare-
cen[9] por la calle... ¡Ojalá no los hubiéramos   1925
conocido! ¿Y este maldito papel?... Pues buena la hiciéramos si no pareciese... ¿Qué
dirá?... Mentiras, mentiras y todo mentira.

SIMÓN: Ya tenemos luz. *(Sale con luz. Rita se sor-*
prende ▼.)   1930

RITA: ¡Perdida soy!

DON DIEGO: *(Acercándose.)* ¡Rita! ¿Pues tú aquí?

RITA: Sí, señor; porque...

DON DIEGO: ¿Qué buscas a estas horas?

RITA: Buscaba... Yo le diré a usted... Porque oí-   1935
mos un ruido tan grande...

SIMÓN: ¿Sí, eh?

RITA: Cierto... Un ruido y... y mire usted *(Alza la*
jaula que está en el suelo.), era la jaula del tordo... Pues la jaula era, no tiene duda... ¡Válga-   1940
te Dios! ¿Si habrá muerto?... No, vivo está,
vaya... Algún gato habrá sido. Preciso.

SIMÓN: Sí, algún gato.

|||||||||||||||||||||||||||||||||||||||||||||||||||||||||||||||||||||||||||||||||||||||||||||||||||||

▼ Como Calamocha y Rita en I, 8, hay varios momentos de sorpresa y confusión:
doña Francisca (I, 9; II, 4 y 15), Calamocha (II, 9), Simón (II, 10), y don Carlos (II, 11).

RITA: ¡Pobre animal! ¡Y qué asustadillo se cono-
1945   ce que está todavía!

SIMÓN: Y con mucha razón... ¿No te parece, si le
hubiera pillado el gato?...

RITA: Se le hubiera comido. *(Cuelga la jaula de
un clavo que habrá en la pared.)*

1950   SIMÓN: Y sin pebre[10]... Ni plumas hubiera dejado ▼.

> [10] Salsa de pimienta, ajo, perejil y vinagre.

DON DIEGO: Tráeme esa luz.

RITA: ¡Ah! Deje usted, encenderemos ésta *(Enciende la vela que está sobre la mesa.),* que ya lo
1955   que no se ha dormido...

DON DIEGO: Y doña Paquita, ¿duerme?

RITA: Sí, señor.

SIMÓN: Pues mucho es que con el ruido del tordo...

1960   DON DIEGO: Vamos.

*(Se entra en su cuarto. Simón va con él, llevándose
una de las luces.)*

▼ Aquí es Simón el que hace broma de la «salida» de Rita al ser sorprendida por
don Diego.

ESCENA VI

DOÑA FRANCISCA, RITA

DOÑA FRANCISCA: ¿Ha parecido el papel?

RITA: No, señora.

DOÑA FRANCISCA: ¿Y estaban aquí los dos cuando tú saliste?   1965

RITA: Yo no lo sé. Lo cierto es que el criado sacó una luz, y me hallé de repente, como por máquina[11], entre él y su amo, sin poder escapar ni saber qué disculpa darles. *(Coge la luz y vuelve a buscar la carta, cerca de la ventana.)*   1970

DOÑA FRANCISCA: Ellos eran, sin duda... Aquí estarían cuando yo hablé desde la ventana... ¿Y ese papel?

RITA: Yo no lo encuentro, señorita.   1975

DOÑA FRANCISCA: Le tendrán ellos, no te canses... Si es lo único que faltaba a mi desdicha... No le busques. Ellos le ▾tienen.

RITA: A lo menos por aquí...

DOÑA FRANCISCA: ¡Yo estoy loca! *(Siéntase.)*   1980

RITA: Sin haberse explicado este hombre ni decir siquiera...

[11] Como por encanto, como se lograba en el teatro con tramoya.

▾ Nuevos casos de leísmo, en boca de doña Francisca.

DOÑA FRANCISCA: Cuando iba a hacerlo, me
avisaste, y fue preciso retirarnos... Pero ¿sa-
1985 bes tú con qué temor me habló, qué agita-
ción mostraba? Me dijo que en aquella carta
vería yo los motivos justos que le precisaban
a volverse; que la había escrito para dejársela
a persona fiel que la pusiera en mis manos,
1990 suponiendo que el verme sería imposible.
Todo engaños, Rita, de un hombre aleve[12]   [12] Traidor.
que prometió lo que no pensaba cumplir...
Vino, halló un competidor, y diría: Pues yo
¿para qué he de molestar a nadie ni hacerme
1995 ahora defensor de una mujer?... ¡Hay tantas
mujeres!... Cásenla... Yo nada pierdo... Primero es mi tranquilidad que la vida de esa infeliz... ¡Dios mío, perdón!... ¡Perdón de haberle
querido tanto!

2000 RITA: ¡Ay, señorita! *(Mirando hacia el cuarto de
don Diego.)* Que parece que salen ya.

DOÑA FRANCISCA: No importa, déjame.

RITA: Pero si don Diego la ve a usted de esa
manera...

2005 DOÑA FRANCISCA: Si todo se ha perdido ya,
¿qué puedo temer?... ¿Y piensas tú que tengo
alientos para levantarme?... Que vengan,
nada importa▼.

▼ Ciertamente doña Francisca va a actuar con más decisión en la escena 8.

SIMÓN

ESCENA VII

DON DIEGO, SIMÓN, DOÑA FRANCISCA, RITA

SIMÓN: Voy enterado, no es menester más.

2010 DON DIEGO: Mira, y haz que ensillen inmediatamente al Moro, mientras tú vas allá. Si han
salido, vuelves, montas a caballo y en una
buena carrera que des, los alcanzas... Los
dos aquí, ¿eh?... Conque, vete, no se pierda
2015 tiempo▼. (Después de hablar los dos, junto al
cuarto de don Diego, se va Simón por la puerta del
foro.)

SIMÓN: Voy allá.

DON DIEGO: Mucho se madruga, doña Paquita.

2020 DOÑA FRANCISCA: Sí, señor.

DON DIEGO: ¿Ha llamado ya doña Irene?

DOÑA FRANCISCA: No, señor... Mejor es que
vayas allá, por si ha despertado y se quiere
vestir.

2025 (Rita se va al cuarto de doña Irene.)

||||||||||||||||||||||||||||||||||||||||||||||||||||||||||||||||||||||||||||||||||||||||||||||||||||||||||||||||||||||||||||||||||||||||

▼ Con la misma celeridad que les hizo abandonar la posada (II, 11 y 12) requiere al
poco tiempo su presencia.

ESCENA VIII

DON DIEGO, DOÑA FRANCISCA

DON DIEGO: ¿Usted no habrá dormido bien esta noche?

DOÑA FRANCISCA: No, señor. ¿Y usted?

DON DIEGO: Tampoco.

DOÑA FRANCISCA: Ha hecho demasiado calor.   2030

DON DIEGO: ¿Está usted desazonada?

DOÑA FRANCISCA: Alguna cosa.

DON DIEGO: ¿Qué siente usted? *(Siéntase junto a doña Francisca.)*

DOÑA FRANCISCA: No es nada... Así un poco   2035
de... Nada..., no tengo nada.

DON DIEGO: Algo será, porque la veo a usted muy abatida, llorosa, inquieta... ¿Qué tiene usted, Paquita? ¿No sabe usted que la quiero tanto?   2040

DOÑA FRANCISCA: Sí, señor.

DON DIEGO: Pues ¿por qué no hace usted más confianza de mí? ¿Piensa usted que no tendré yo mucho gusto en hallar ocasiones de complacerla?   2045

DOÑA FRANCISCA: Ya lo sé.

DON DIEGO: ¿Pues cómo, sabiendo que tiene usted un amigo, no desahoga con él su corazón?

2050   DOÑA FRANCISCA: Porque eso mismo me obliga
        a callar.

        DON DIEGO: Eso quiere decir que tal vez soy yo
        la causa de su pesadumbre de usted.

        DOÑA FRANCISCA: No, señor; usted en nada me
2055   ha ofendido... No es de usted de quien yo me
        debo quejar.

        DON DIEGO: Pues ¿de quién, hija mía?... Venga
        usted acá... *(Acércase más.)* Hablemos siquiera
        una vez sin rodeos ni disimulación... Dígame
2060   usted: ¿no es cierto que usted mira con algo
        de repugnancia▼ este casamiento que se la
        propone? ¿Cuánto va que si la dejasen a us-
        ted entera libertad para la elección no se ca-
        saría conmigo?

2065   DOÑA FRANCISCA: Ni con otro.

        DON DIEGO: ¿Será posible que usted no conozca
        otro más amable que yo, que la quiera bien,
        y que la corresponda como usted merece?

        DOÑA FRANCISCA: No, señor; no, señor.

2070   DON DIEGO: Mírelo usted bien.

        DOÑA FRANCISCA: ¿No le digo a usted que no?

        DON DIEGO: ¿Y he de creer, por dicha, que con-
        serve usted tal inclinación al retiro en que se
        ha criado▼▼, que prefiera la austeridad del
2075   convento a una vida más...?

▼   Véase II, 14.
▼▼   En II, 5 doña Irene casi se lo dio a entender.

DOÑA FRANCISCA: Tampoco; no, señor... Nunca he pensado así.

DON DIEGO: No tengo empeño de saber más... Pero de todo lo que acabo de oír resulta una gravísima contradicción. Usted no se halla in- 2080 clinada al estado religioso, según parece. Usted me asegura que no tiene queja ninguna de mí, que está persuadida de lo mucho que la estimo, que no piensa casarse con otro, ni debo recelar[13] que nadie me dispute su 2085 mano... Pues ¿qué llanto es ése? ¿De dónde nace esa tristeza profunda, que en tan poco tiempo ha alterado su semblante de usted, en términos que apenas le reconozco? ¿Son éstas las señales de quererme exclusivamente a 2090 mí, de casarse gustosa conmigo dentro de pocos días? ¿Se anuncian así la alegría y el amor? (Vase iluminando lentamente la escena, suponiendo que viene la luz del día.)

DOÑA FRANCISCA: Y ¿qué motivos le he dado a 2095 usted para tales desconfianzas?

DON DIEGO: ¿Pues qué? Si yo prescindo de estas consideraciones, si apresuro las diligencias de nuestra unión, si su madre de usted sigue aprobándola y llega el caso de... 2100

DOÑA FRANCISCA: Haré lo que mi madre me manda, y me casaré con usted.

DON DIEGO: ¿Y después, Paquita?

DOÑA FRANCISCA: Después..., y mientras me dure la vida, seré mujer de bien. 2105

DON DIEGO: Eso no lo puedo yo dudar... Pero si usted me considera como el que ha de ser hasta la muerte su compañero y su amigo, dí-

[13] Desconfiar, temer.

game usted: estos títulos ¿no me dan algún
2110   derecho para merecer de usted mayor confianza? ¿No he de lograr que usted me diga
la causa de su dolor? Y no para satisfacer una
impertinente curiosidad, sino para emplear-
me todo en su consuelo, en mejorar su suer-
2115   te, en hacerla dichosa, si mi conato[14] y mis di-   [14]Empeño, propósito.
ligencias pudiesen tanto.

DOÑA FRANCISCA: ¡Dichas para mí!... Ya se aca-
baron.

DON DIEGO: ¿Por qué?

2120   DOÑA FRANCISCA: Nunca diré por qué.

DON DIEGO: Pero ¡qué obstinado, qué imprudente silencio!... Cuando usted misma debe
presumir que no estoy ignorante de lo que
hay.

2125   DOÑA FRANCISCA: Si usted lo ignora, señor don
Diego, por Dios no finja que lo sabe; y si en
efecto lo sabe usted, no me lo pregunte.

DON DIEGO: Bien está. Una vez que no hay
nada que decir, que esa aflicción y esas lágri-
2130   mas son voluntarias, hoy llegaremos a Madrid, y dentro de ocho días será usted mi mujer.

DOÑA FRANCISCA: Y daré gusto a mi madre.

DON DIEGO: Y vivirá usted infeliz.

2135   DOÑA FRANCISCA: Ya lo sé.

DON DIEGO: Ve aquí los frutos de la educación.
Esto es lo que se llama criar bien a una

¹⁵Desleal.

niña ▼: enseñarla a que desmienta y oculte las
pasiones más inocentes con una pérfida ¹⁵ di-
simulación. Las juzgan honestas luego que   2140
las ven instruidas en el arte de callar y mentir. Se obstinan en que el temperamento, la
edad ni el genio no han de tener influencia
alguna en sus inclinaciones, o en que su voluntad ha de torcerse al capricho de quien las   2145
gobierna. Todo se las permite, menos la sinceridad. Con tal que no digan lo que sienten,
con tal que finjan aborrecer lo que más de-
sean, con tal que se presten a pronunciar,

¹⁶Que se ha jurado en
falso.
cuando se lo manden, un sí perjuro ¹⁶, sacríle-   2150
go, origen de tantos escándalos, ya están
bien criadas, y se llama excelente educación
la que inspira en ellas el temor, la astucia y el
silencio de un esclavo ▼▼

DOÑA FRANCISCA: Es verdad... Todo eso es cier-   2155
to... Eso exigen de nosotras, eso aprendemos
en la escuela que se nos da... Pero el motivo
de mi aflicción es mucho más grande.

DON DIEGO: Sea cual fuere, hija mía, es menester que usted se anime... Si la ve a usted su   2160
madre de esa manera, ¿qué ha de decir?...
Mire usted que ya parece que se ha levan-
tado.

DOÑA FRANCISCA: ¡Dios mío!

DON DIEGO: Sí, Paquita; conviene mucho que   2165
usted vuelva un poco sobre sí... No abando-
narse tanto... Confianza en Dios... Vamos,

▼ Observa la ironía de esta afirmación.
▼▼ Otra vez la referencia indirecta a la libertad, como luego en III, 13.

que no siempre nuestras desgracias son tan
grandes como la imaginación las pinta...
2170   ¡Mire usted qué desorden éste! ¡Qué agita-
ción! ¡Qué lagrimas! Vaya, ¿me da usted palabra de presentarse así..., con cierta serenidad
y...? ¿Eh?

DOÑA FRANCISCA: Y usted, señor... Bien sabe us-
2175   ted el genio de mi madre. Si usted no me defiende, ¿a quién he de volver los ojos?
¿Quién tendrá compasión de esta desdichada?

DON DIEGO: Su buen amigo de usted... Yo...
2180   ¿Cómo es posible que yo la abandonase...,
¡criatura!..., en la situación dolorosa en que la
veo? *(Asiéndola de las manos.)*

DOÑA FRANCISCA: ¿De veras?

DON DIEGO: Mal conoce usted mi corazón.

2185   DOÑA FRANCISCA: Bien lo conozco. *(Quiere arro-
dillarse; don Diego se lo estorba, y ambos se levan-
tan.)*

DON DIEGO: ¿Qué hace usted, niña?

DOÑA FRANCISCA: Yo no sé... ¡Qué poco merece
2190   toda esa bondad una mujer tan ingrata para
con usted!... No, ingrata no; infeliz... ¡Ay, qué
infeliz soy, señor don Diego!

DON DIEGO: Yo bien sé que usted agradece
como puede el amor que la tengo... Lo de-
2195   más todo ha sido... ¿qué sé yo?..., una equivocación mía, y no otra cosa... Pero usted, ¡inocente!, usted no ha tenido la culpa▾.

――――――――――――――――――――――――――――――――――――――

▾ Aquí encuentran respuesta sus preguntas de III, 4.

DOÑA FRANCISCA: Vamos... ¿No viene usted?

DON DIEGO: Ahora no, Paquita. Dentro de un
rato iré para allá.   2200

DOÑA FRANCISCA: Vaya usted presto. *(Encaminándose al cuarto de doña Irene, vuelve y se despi-
de de don Diego besándole las manos.)*

DON DIEGO: Sí, presto iré.

COMENTARIO 5 (Escena VIII. Líneas 2026-2182)

▶ *Estructura del texto acotado para comentar.*

▶ *¿Qué reclama don Diego por parte de doña Francisca?*

▶ *Selecciona las preguntas más significativas que don Diego hace a la joven.*

▶ *¿Hay algún cambio en doña Francisca, comparando el comienzo y el final
del fragmento?*

▶ *¿Cuál es el motivo de la queja que expone doña Francisca en su octava
intervención?*

▶ *En los parlamentos de don Diego aparecen varias proposiciones subordina-
das sustantivas que dependen de un mismo verbo. Localízalas.*

▶ *¿Piensas que es válido el criterio educativo al que se refiere don Diego en
su intervención más larga? ¿Podía ser aceptable en alguna circunstancia?*

▶ *¿Hay diferencias en la manera de expresarse los dos personajes que encontramos aquí?*

ESCENA IX

SIMÓN, DON DIEGO

2205 SIMÓN: Ahí están, señor.

DON DIEGO: ¿Qué dices?

SIMÓN: Cuando yo salía de la puerta, los vi a lo
lejos, que iban ya de camino. Empecé a dar
voces y hacer señas con el pañuelo; se detu-
2210   vieron, y apenas llegué y le dije al señorito lo
que usted mandaba, volvió las riendas, y está
abajo. Le encargué que no subiera hasta que
le avisara yo, por si acaso había gente aquí, y
usted no quería que le viesen.

2215 DON DIEGO: ¿Y qué dijo cuando le diste el reca-
do?

SIMÓN: Ni una sola palabra... Muerto viene▼...
Ya digo, ni una sola palabra... A mí me ha
dado compasión el verle así tan...

2220 DON DIEGO: No me empieces ya a interceder
por él.

SIMÓN: ¿Yo, señor?

DON DIEGO: Sí, que no te entiendo yo... ¡Compasión!... Es un pícaro.

2225 SIMÓN: Como yo no sé lo que ha hecho...

DON DIEGO: Es un bribón que me ha de quitar
la vida... Ya te he dicho que no quiero inter-
cesores.

▬▬▬

▼ Compárese con las palabras de su enamorada en III, 2.

SIMÓN: Bien está, señor. *(Vase por la puerta del foro. Don Diego se sienta, manifestando inquietud y enojo.)* 2230

DON DIEGO: Dile que suba.

ESCENA X

DON CARLOS, DON DIEGO

DON DIEGO: Venga usted acá, señorito; venga usted... ¿En dónde has estado desde que no nos vemos? 2235

DON CARLOS: En el mesón de afuera.

DON DIEGO: ¿Y no has salido de allí en toda la noche, eh?

DON CARLOS: Sí, señor; entré en la ciudad y...

DON DIEGO: ¿A qué?... Siéntese usted. 2240

DON CARLOS: Tenía precisión de hablar con un sujeto... *(Siéntase.)*

DON DIEGO: ¡Precisión!

DON CARLOS: Sí, señor... Le debo muchas atenciones, y no era posible volverme a Zaragoza 2245 sin estar primero con él.

DON DIEGO: Ya. En habiendo tantas obligaciones de por medio... Pero venirle a ver a las tres de la mañana, me parece mucho desacuerdo... ¿Por qué no le escribiste un papel?... 2250 Mira, aquí he de tener... Con este papel que le hubieras enviado en mejor ocasión, no ha-

bía necesidad de hacerle trasnochar, ni molestar a nadie. *(Dándole el papel que tiraron a la*
2255   *ventana. Don Carlos, luego que le* ▼ *reconoce, se le*
vuelve[17] *y se levanta en ademán de irse.)*

....
[17] Devuelve.

DON CARLOS: Pues si todo lo sabe usted, ¿para
qué me llama? ¿Por qué no me permite se-
guir mi camino y se evitaría una contestación
2260   de la cual ni usted ni yo quedaremos conten-
tos?

DON DIEGO: Quiere saber su tío de usted lo que
hay en esto, y quiere que usted se lo diga.

DON CARLOS: ¿Para qué saber más?

2265 DON DIEGO: Porque yo lo quiero y lo mando.
¡Oiga!

DON CARLOS: Bien está.

DON DIEGO: Siéntate ahí... *(Siéntase don Carlos.)*
¿En dónde has conocido a esta niña?... ¿Qué
2270   amor es éste? ¿Que circunstancias han ocurrido?... ¿Qué obligaciones hay entre los dos?
¿Dónde, cuándo la viste?

DON CARLOS: Volviéndome a Zaragoza el año
pasado, llegué a Guadalajara sin ánimo de
2275   detenerme; pero el intendente, en cuya casa
de campo nos apeamos, se empeñó en que
había de quedarme allí todo aquel día, por
ser cumpleaños de su parienta, prometiéndo-
me que el siguiente me dejaría proseguir mi
2280   viaje. Entre las gentes convidadas hallé a
doña Paquita, a quien la señora había sacado
aquel día del convento para que se esparcie-

‖‖

▼ Leísmo, de nuevo.

CALAMOCHA

se[18] un poco... Yo no sé qué vi en ella, que
excitó en mí una inquietud, un deseo cons-
2285   tante, irresistible, de mirarla, de oírla, de ha-
llarme a su lado, de hablar con ella, de hacerme agradable a sus ojos... El intendente dijo
entre otras cosas..., burlándose..., que yo era
muy enamorado, y le ocurrió fingir que me
2290   llamaba don Félix de Toledo▼. Yo sostuve
esa ficción, porque desde luego concebí la
idea de permanecer algún tiempo en aquella
ciudad, evitando que llegase a noticia de usted. Observé que doña Paquita me trató con
2295   un agrado particular, y cuando por la noche
nos separamos, yo quedé lleno de vanidad y
de esperanzas, viéndome preferido a todos
los concurrentes de aquel día, que fueron
muchos. En fin... Pero no quisiera ofender a
2300   usted refiriéndole...

DON DIEGO: Prosigue.

DON CARLOS: Supe que era hija de una señora
de Madrid, viuda y pobre, pero de gente muy
honrada... Fue necesario fiar de mi amigo los
2305   proyectos de amor que me obligaban a que
darme en su compañía; y él, sin aplaudirlos
ni desaprobarlos, halló disculpas, las más in-
geniosas, para que ninguna de su familia ex-
trañara mi detención. Como su casa de cam-
2310   po está inmediata a la ciudad, fácilmente iba
y venía de noche... Logré que doña Paquita
leyese algunas cartas mías; y con las pocas
respuestas que· de ella tuve acabé de precipi-

[18] Distrajese.

▼ Nombre de galán de algunas comedias de nuestro Siglo de Oro.

tarme en una pasión que mientras viva me
hará infeliz.   2315

DON DIEGO: Vaya... Vamos, sigue adelante.

DON CARLOS: Mi asistente (que, como usted
sabe, es hombre de travesura y conoce el
mundo), con mil artificios que a cada paso le
ocurrían, facilitó[19] los muchos estorbos que   2320
al principio hallábamos... La seña era dar
tres palmadas, a las cuales respondían con
otras tres desde una ventanilla que daba al
corral de las monjas. Hablábamos todas las
noches, muy a deshora, con el recato y las   2325
precauciones que ya se dejan entender...
Siempre fui para ella don Félix de Toledo,
oficial de un regimiento, estimado de mis je-
fes y hombre de honor... Nunca la dije más,
ni la hablé de mis parientes, ni de mis espe-   2330
ranzas, ni la di a entender que casándose
conmigo podría aspirar a mejor fortuna, porque ni me convenía nombrarle a usted, ni
quise exponerla a que las miras de interés, y
no el amor, la inclinasen a favorecerme. De   2335
cada vez la hallé más fina, más hermosa, más
digna de ser adorada... Cerca de tres meses
me detuve allí; pero al fin era necesario sepa-
rarnos, y una noche funesta me despedí, la
dejé rendida a un desmayo mortal, y me fui,   2340
ciego de amor, adonde mi obligación me lla-
maba... Sus cartas consolaron por algún tiempo mi ausencia triste, y en una que recibí pocos días ha me dijo cómo su madre trataba
de casarla, que primero perdería la vida que   2345
dar su mano a otro que a mí; me acordaba
mis juramentos, me exhortaba a cumplirlos...
Monté a caballo, corrí precipitado el camino,
llegué a Guadalajara, no la encontré, vine

2350   aquí ▾... Lo demás bien lo sabe usted, no hay
para qué decírselo.

DON DIEGO: ¿Y qué proyectos eran los tuyos en
esta venida?

DON CARLOS: Consolarla, jurarla de nuevo un
2355   eterno amor, pasar a Madrid, verle a usted,
echarme a sus pies, referirle todo lo ocurrido, y pedirle, no riquezas, ni herencias, ni
protecciones, ni... eso no... Sólo su consenti-
miento y su bendición para verificar un enla-
2360   ce tan suspirado, en que ella y yo fundába-
mos toda nuestra felicidad.

DON DIEGO: Pues ya ves, Carlos, que es tiempo
de pensar muy de otra manera.

DON CARLOS: Sí, señor.

2365   DON DIEGO: Si tú la quieres, yo la quiero también. Su madre y toda su familia aplauden
este casamiento. Ella..., y sean las que fueren
las promesas que a ti te hizo..., ella misma,
no ha media hora, me ha dicho que está
2370   pronta a obedecer a su madre y darme la
mano, así que...

DON CARLOS: Pero no el corazón. (*Levántase.*)

DON DIEGO: ¿Qué dices?

DON CARLOS: No, eso no... Sería ofenderla... Us-
2375   ted celebrará sus bodas cuando guste; ella se
portará siempre como conviene a su honesti-

▾ Calamocha así nos lo relataba (I, 8).

dad y a su virtud; pero yo he sido el primero,
el único objeto de su cariño, lo soy y lo seré...
Usted se llamará su marido; pero si alguna o
muchas veces la sorprende, y ve sus ojos her-   2380
mosos inundados en lágrimas, por mí las
vierte... No la pregunte usted jamás el motivo de sus melancolías ▼... Yo, yo seré la causa... Los suspiros, que en vano procurará re-
primir, serán finezas dirigidas a un amigo au-   2385
sente.

DON DIEGO: ¿Qué temeridad es ésta? *(Se levanta
con mucho enojo, encaminándose hacia don Carlos,
que se va retirando.)*

DON CARLOS: Ya se lo dije a usted... Era imposi-   2390
ble que yo hablase una palabra sin ofender-
le... Pero acabemos esta odiosa conversación... Viva usted feliz, y no me aborrezca,
que yo en nada le he querido disgustar... La
prueba mayor que yo puedo darle de mi obe-   2395
diencia y mi respeto es la de salir de aquí inmediatamente... Pero no se me niegue el consuelo de saber que usted me perdona.

DON DIEGO: ¿Conque, en efecto, te vas?

DON CARLOS: Al instante, señor... Y esta ausen-   2400
cia será bien larga.

DON DIEGO: ¿Por qué?

DON CARLOS: Porque no me conviene verla en
mi vida... Si las voces que corren de una pró-

▼ Como ya hizo en III, 8.

2405   xima guerra se llegaran a verificar... entonces...

DON DIEGO: ¿Qué quieres decir? *(Asiendo de un*
brazo a don Carlos le hace venir más adelante.)

DON CARLOS: Nada... Que apetezco la guerra
2410   porque soy soldado.

DON DIEGO: ¡Carlos!... ¡Qué horror!... ¿Y tienes
corazón para decírmelo?

DON CARLOS: Alguien viene... *(Mirando con in-*
quietud hacia el cuarto de doña Irene, se desprende
2415   *de don Diego y hace que se va por la puerta del*
foro. Don Diego va detrás de él y quiere detenerle.)
Tal vez será ella... Quede usted con Dios.

DON DIEGO: ¿Adónde vas?... No, señor; no has
de irte.

2420   DON CARLOS: Es preciso... Yo no he de verla...
Una sola mirada nuestra pudiera causarle a
usted inquietudes crueles.

DON DIEGO: Ya he dicho que no ha de ser... Entra en ese cuarto▾.

2425   DON CARLOS: Pero si...

DON DIEGO: Haz lo que te mando.

(Entrase don Carlos en el cuarto de don Diego.)

▾ En las comedias de enredo las puertas que dan a escena conducen eventualmen-
te a un lugar donde pueda esconderse algún personaje.

ESCENA XI

DOÑA IRENE, DON DIEGO

DOÑA IRENE: Conque, señor don Diego, ¿es ya la de vámonos[20]?... Buenos días... *(Apaga la luz que está sobre la mesa.)* ¿Reza usted?   2430

DON DIEGO: *(Paseándose con inquietud.)* Sí, para rezar estoy ahora.

DOÑA IRENE: Si usted quiere, ya pueden ir disponiendo el chocolate, y que avisen al mayoral para que enganchen luego que... Pero   2435 ¿qué tiene usted, señor?... ¿Hay alguna novedad?

DON DIEGO: Sí; no deja de haber novedades.

DOÑA IRENE: Pues ¿qué?... Dígalo usted, por Dios... ¡Vaya, vaya!... No sabe usted lo asusta-   2440 da que estoy... Cualquiera cosa, así, repentina, me remueve toda y me... Desde el último mal parto que tuve me quedé tan sumamente delicada de los nervios... Y va ya para dicinueve años, si no son veinte; pero desde en-   2445 tonces, ya digo, cualquiera friolera me trastorna... Ni los baños, ni caldos de culebra, ni la conserva de tamarindos[21]; nada me ha servido; de manera que...

[21] La pulpa de esta legumbre es ácida y ligeramente laxante.

DON DIEGO: Vamos, ahora no hablemos de ma-   2450 los partos ni de conservas... Hay otra cosa más importante de que tratar... ¿Qué hacen esas muchachas?

[22] Dispuesto.

DOÑA IRENE: Están recogiendo la ropa y haciendo el cofre para que todo esté a la vela[22] y no   2455 haya detención.

Don Diego: Muy bien. Siéntese usted... Y no
hay que asustarse ni alborotarse *(Siéntanse los
dos.)* por nada de lo que yo diga; y cuenta, no
2460   nos abandone el juicio cuando más lo necesi-
tamos... Su hija de usted está enamorada...

Doña Irene: ¿Pues no le he dicho ya mil veces?
Sí, señor, que lo está; y bastaba que yo lo dijese para que...

2465   Don Diego: ¡Este vicio maldito de interrumpir a
cada paso! Déjeme usted hablar.

Doña Irene: Bien, vamos, hable usted.

Don Diego: Está enamorada; pero no está enamorada de mí.

2470   Doña Irene: ¿Qué dice usted?

Don Diego: Lo que usted oye.

Doña Irene: Pero ¿quién le ha contado a usted
esos disparates?

Don Diego: Nadie. Yo lo sé, yo lo he visto, na-
2475   die me lo ha contado, y cuando se lo digo a
usted, bien seguro estoy de que es verdad...
Vaya, ¿qué llanto es ése?

Doña Irene: *(Llora.)* ¡Pobre de mí!

Don Diego: ¿A qué viene eso?

2480   Doña Irene: ¡Porque me ven sola y sin medios,
y porque soy una pobre viuda, parece que todos me desprecian y se conjuran contra mí!

Don Diego: Señora doña Irene...

DOÑA IRENE: Al cabo de mis años y de mis
achaques, verme tratada de esta manera,   2485
como un estropajo, como una puerca ceni-
cienta, vamos al decir... ¿Quién lo creyera de
usted?... ¡Válgame Dios!... ¡Si vivieran mis tres
difuntos!... Con el último difunto que me vi-
viera, que tenía un genio como una serpien-   2490
te...

DON DIEGO: Mire usted, señora, que se me acaba ya la paciencia.

DOÑA IRENE: Que lo mismo era replicarle que
se ponía hecho una furia del infierno, y un   2495
día del Corpus, yo no sé por qué friolera[23],
hartó de mojicones[24] a un comisario ordena-
dor[25], y si no hubiera sido por dos padres del
Carmen, que se pusieron de por medio, le es-
trella contra un poste en los portales de San-   2500
ta Cruz[26].

DON DIEGO: Pero ¿es posible que no ha de aten-
der usted a lo que voy a decirla?

DOÑA IRENE: ¡Ay! No, señor; que bien lo sé, que
no tengo pelo de tonta, no, señor... Usted ya   2505
no quiere a la niña, y busca pretextos para
zafarse[27] de la obligación en que está... ¡Hija
de mi alma y de mi corazón!

DON DIEGO: Señora doña Irene, hágame usted
el gusto de oírme, de no replicarme, de no   2510
decir despropósitos, y luego que usted sepa
lo que hay, llore y gima, y grite y diga cuanto
quiera... Pero, entre tanto, no me apure usted el sufrimiento, por amor de Dios.

[23] Cosa de poca monta.

[24] Golpes en la cara da-
dos con el puño.

[25] El que distribuye las
órdenes a los otros co-
misarios de guerra.

[26] Plaza próxima a la
Mayor de Madrid. An-
tes estuvo en ella la
iglesia de Santa Cruz,
cuya torre se consideró
la más alta de Madrid
en el Siglo de Oro e in-
cluso mediado el siglo
XVIII.

[27] Escaparse, excusarse.

2515 DOÑA IRENE: Diga usted lo que le dé la gana.

DON DIEGO: Que no volvamos otra vez a llorar ▼
y a...

DOÑA IRENE: No, señor; ya no lloro. *(Enjugándo-
se las lágrimas con un pañuelo.)*

2520 DON DIEGO: Pues hace ya cosa de un año, poco
más o menos, que doña Paquita tiene otro
amante. Se han hablado muchas veces, se
han escrito, se han prometido amor, fidelidad, constancia... Y, por último, existe en am-
2525 bos una pasión tan fina, que las dificultades y
la ausencia, lejos de disminuirla, han contri-
buido eficazmente a hacerla mayor. En este
supuesto...

DOÑA IRENE: ¿Pero no conoce usted, señor, que
2530 todo es un chisme inventado por alguna
mala lengua que no nos quiere bien?

DON DIEGO: Volvemos otra vez a lo mismo...
No, señora; no es chisme. Repito, de nuevo,
que lo sé.

2535 DOÑA IRENE: ¿Qué ha de saber usted, señor, ni
qué traza tiene eso de verdad? ¡Conque la
hija de mis entrañas, encerrada en un convento, ayunando los siete reviernes[28], acompañada de aquellas santas religiosas! ¡Ella,

[28] Cada uno de los siete viernes siguientes a la Pascua de Resurrec-ción.

▼ En cierto modo esta comedia tiene algo de lacrimosa. Compárese además con I, 8; II, 7; y III, 8.

que no sabe lo que es mundo, que no ha sali-   2540
do todavía del cascarón, como quien dice!...
Bien se conoce que no sabe usted el genio
que tiene Circuncisión▼... ¡Pues bonita es ella
para haber disimulado en su sobrina el menor desliz!   2545

DON DIEGO: Aquí no se trata de ningún desliz,
señora doña Irene; se trata de una inclinación honesta, de la cual hasta ahora no habíamos tenido antecedente alguno. Su hija de
usted es una niña muy honrada, y no es ca-   2550
paz de deslizarse... Lo que digo es que la madre Circuncisión, y la Soledad, y la Candela-
ria, y todas las madres, y usted, y yo el primero, nos hemos equivocado solemnemente. La
muchacha se quiere casar con otro, y no con-   2555
migo... Hemos llegado tarde; usted ha contado muy de ligero con la voluntad de su hija...
Vaya, ¿para qué es cansarnos? Lea usted ese
papel y verá si tengo razón. *(Saca el papel de
don Carlos y se le da a doña Irene. Ella, sin leerle,*   2560
se levanta muy agitada, se acerca a la puerta de su
cuarto y llama. Levántase don Diego y procura en
vano contenerla.)

DOÑA IRENE: ¡Yo he de volverme loca!... ¡Francisquita!... ¡Virgen del Tremedal²⁹!... ¡Rita!   2565
¡Francisca▼▼!

DON DIEGO: Pero ¿a qué es llamarlas?

²⁹ El pueblo de este nombre pertenece a la provincia de Ávila.

▼   Religiosa, tía de doña Francisca, con quien ha estado en el convento de Guadalajara (I, 3).

▼▼   Su madre, que la ha llamado *Paquita, Frasquita* y *Francisquita,* emplea el nombre
de pila como muestra de disgusto.

DOÑA IRENE: Sí, señor; que quiero que venga y
que se desengañe la pobrecita de quién es us-
2570   ted.

DON DIEGO: Lo echó todo a rodar... Esto le sucede a quien se fía de la prudencia de una
mujer.

ESCENA XII

DOÑA FRANCISCA, RITA, DOÑA IRENE,
DON DIEGO

RITA: Señora.

2575 DOÑA FRANCISCA: ¿Me llamaba usted?

DOÑA IRENE: Sí, hija, sí; porque el señor don
Diego nos trata de un modo que ya no se
puede aguantar. ¿Qué amores tienes, niña?
¿A quién has dado palabra de matrimonio?
2580   ¿Qué enredos son éstos?... Y tú, picarona▼...
Pues tú también lo has de saber... Por fuera
lo sabes... ¿Quién ha escrito este papel? ¿Qué
dice? (Presentando el papel abierto a doña Francisca.)

2585 RITA: (Aparte a doña Francisca.) Su letra es.

DOÑA FRANCISCA: ¡Qué maldad!... Señor don
Diego, ¿así cumple usted su palabra?

‖‖‖

▼   Se dirige a Rita.

DON DIEGO: Bien sabe Dios que no tengo la culpa... Venga usted aquí. *(Tomando de una mano a doña Francisca, la pone a su lado.)* No hay que 2590 temer... Y usted, señora, escuche y calle, y no me ponga en términos de hacer un desatino... Deme usted ese papel... *(Quitándole el papel.)* Paquita, ya se acuerda usted de las tres palmadas ▼ de esta noche.   2595

DOÑA FRANCISCA: Mientras viva me acordaré.

DON DIEGO: Pues éste es el papel que tiraron a la ventana... No hay que asustarse, ya lo he dicho. *(Lee.)* «Bien mío: si no consigo hablar con usted haré lo posible para que llegue a 2600 sus manos esta carta. Apenas me separé de usted, encontré en la posada al que yo llamaba mi enemigo, y al verle no sé cómo no expiré de dolor. Me mandó que saliera inmediatamente de la ciudad, y fue preciso obede- 2605 cerle. Yo me llamo don Carlos, no don Félix. Don Diego es mi tío. Viva usted dichosa y olvide para siempre a su infeliz amigo.—Carlos de Urbina.»

DOÑA IRENE: ¿Conque hay eso?   2610

DOÑA FRANCISCA: ¡Triste de mí!

DOÑA IRENE: ¿Conque es verdad lo que decía el señor, grandísima picarona? ▼▼ Te has de acordar de mí. *(Se encamina hacia doña Francisca, muy colérica, y en ademán de querer maltra-* 2615 *tarla. Rita y don Diego lo estorban.)*

▼   Véase III, 2.

▼▼   Otra vez el mismo calificativo que ha usado para la criada, y que antes empleó con ella, según testimonio de doña Francisca (I, 9).

DOÑA FRANCISCA: ¡Madre!... ¡Perdón!

DOÑA IRENE: No, señor; que la he de matar.

DON DIEGO: ¿Qué locura es ésta?

2620   DOÑA IRENE: He de matarla.

ESCENA XIII

DON CARLOS, DON DIEGO, DOÑA IRENE, DOÑA
FRANCISCA, RITA

*(Sale don Carlos del cuarto▾ precipitadamente; coge
de un brazo a doña Francisca, se la lleva hacia el
fondo del teatro y se pone delante de ella para defenderla. Doña Irene se asusta y se retira.)*

DON CARLOS: Eso no... Delante de mí nadie ha
de ofenderla.

DOÑA FRANCISCA: ¡Carlos!

DON CARLOS: *(A don Diego.)* Disimule usted mi
2625   atrevimiento... He visto que la insultaban y
no me he sabido contener.

DOÑA IRENE: ¿Qué es lo que me sucede, Dios
mío? ¿Quién es usted?... ¿Qué acciones son
éstas?... ¡Qué escándalo!

2630   DON DIEGO: Aquí no hay escándalo... Ése es de
quien su hija de usted está enamorada... Se-

▾   Llevaba ahí desde la escena 10 de este mismo acto III.

pararlos y matarlos viene a ser lo mismo...
Carlos... No importa... Abraza a tu mujer...
(Se abrazan don Carlos y doña Francisca, y después
se arrodillan a los pies de don Diego.)   2635

DOÑA IRENE: ¿Conque su sobrino de usted?

DON DIEGO: Sí, señora; mi sobrino, que con sus
palmadas, y su música, y su papel me ha
dado la noche más terrible que he tenido en
mi vida... ¿Qué es esto, hijos míos; qué es   2640
esto?

DOÑA FRANCISCA: ¿Conque usted nos perdona
y nos hace felices?

DON DIEGO: Sí, prendas de mi alma... Sí. *(Los*
hace levantar▾ con expresión de ternura.)   2645

DOÑA IRENE: ¿Y es posible que usted se deter-
mina a hacer un sacrificio?...

DON DIEGO: Yo pude separarlos para siempre y
gozar tranquilamente la posesión de esta
niña amable, pero mi conciencia no lo su-   2650
fre... ¡Carlos!... ¡Paquita! ¡Qué dolorosa impresión me deja en el alma el esfuerzo que acabo de hacer!... Porque, al fin, soy hombre mi-
serable y débil.

DON CARLOS: Si nuestro amor *(besándole las ma-*   2655
nos.), si nuestro agradecimiento pueden bastar a consolar a usted en tanta pérdida...

DOÑA IRENE: ¡Conque el bueno de don Carlos!
Vaya que...

▾ Como antes hiciera con doña Francisca (III, 8).

2660 DON DIEGO: Él y su hija de usted estaban locos
de amor, mientras que usted y las tías funda-
ban castillos en el aire, y me llenaban la cabeza de ilusiones, que han desaparecido como
un sueño... Esto resulta del abuso de autori-
2665 dad, de la opresión que la juventud padece, y
éstas son las seguridades que dan los padres
y los tutores, y esto lo que se debe fiar en el
sí de las niñas... Por una casualidad he sabido
a tiempo el error en que estaba... ¡Ay de
2670 aquellos que lo saben tarde!

DOÑA IRENE: En fin, Dios los haga buenos, y
que por muchos años se gocen... Venga usted acá, señor; venga usted, que quiero abra-
zarle. (Abrazando a don Carlos. Doña Francisca se
2675 arrodilla y besa la mano a su madre.) Hija, Francisquita. ¡Vaya! Buena elección has tenido...
Cierto que es un mozo muy galán... Moreni-
llo, pero tiene un mirar de ojos muy hechice-
ro.

2680 RITA: Sí, dígaselo usted, que no lo ha reparado
la niña... Señorita, un millón de besos. (Se be-
san doña Francisca y Rita.)

DOÑA FRANCISCA: Pero ¿ves qué alegría tan
grande?... ¡Y tú, como me quieres tanto!...
2685 Siempre, siempre serás mi amiga.

DON DIEGO: Paquita hermosa (Abraza a doña
Francisca.), recibe los primeros abrazos de tu
nuevo padre... No temo ya la soledad terrible
que amenazaba a mi vejez... Vosotros (Asien-
2690 do de las manos a doña Francisca y a don Carlos.),

seréis la delicia de mi corazón; y el primer
fruto de vuestro amor..., sí, hijos, aquél..., no
hay remedio, aquél es para mí. Y cuando le
acaricie en mis brazos, podré decir: a mí me
debe su existencia este niño inocente; si sus   2695
padres viven, si son felices, yo he sido la causa.

DON CARLOS: ¡Bendita sea tanta bondad!

DON DIEGO: Hijos, bendita sea la de Dios ▾.

▾ De esa misma fe dio muestras en III, 8.

A P É N D I C E

ESTUDIO DE LA OBRA

El teatro de Moratín

A pesar de ocupar un lugar preeminente en la literatura teatral neoclásica, Leandro Fernández de Moratín sólo compuso cinco comedias: tres en versos octosílabos y dos en prosa.

La primera de las comedias en verso, *El viejo y la niña* (1790) —por otro nombre *El casamiento desigual*—, se desarrolla en tres actos y tiene un final más bien dramático, después de un planteamiento bastante sencillo.

El barón (1803), en dos actos, era la comedia que menos le agradaba al propio Moratín. En una primera redacción fue una zarzuela —con partes líricas, por tanto—; luego, casi una comedia de figurón. La tra-

ma se articula en torno a la ambición de mejorar socialmente gracias al matrimonio.

La tercera pieza en verso es *La mojigata* (1804). Refleja
en tres actos un caso de falsa devoción para encubrir
amores; en circunstancias así, Fernández de Moratín
defiende la soltería frente a una boda desgraciada. En
ella se han encontrado reminiscencias de Terencio
—poeta cómico latino del siglo II a. de C.—, de nuestros clásicos Tirso y Calderón, e incluso de *La petimetra,* de Moratín padre.

La comedia nueva —llamada también *El café,* porque la
acción transcurre en uno cercano al teatro— se estrenó el año 1792. Es su primera comedia en prosa y
consta de dos actos. No hay en ella enredo, sino que
consiste en una crítica de la comedia heroica e, indi-
rectamente, de cuanto atenta contra la mejora del
teatro español, por falta de criterio moderado y razonable. Temáticamente es distinta de sus otras comedias y es, con *El sí de las niñas,* lo más logrado de su
producción escénica.

Todas las comedias moratinianas representan tipos y
situaciones de la vida real de la clase media de su
tiempo, y es constante la sátira moral y de costumbres. A través de estas obras, en las que predominan
el tema y la caracterización sobre la acción, Moratín
el joven —como antes lo hiciera también su padre—
quiso llevar a la práctica las nuevas fórmulas teatrales, respetuosas con las tres unidades y con el ideal de
los ilustrados.

De todas sus comedias, *El sí* —o *El oui,* en francés,
como él decía alguna vez— fue, entonces y siempre,
su obra más aplaudida y estimada por la crítica. Si lo
normal era que una obra de teatro durase unos diez
días en cartel, *El sí de las niñas* batió un récord de per-
manencia, ya que se mantuvo veintiséis días; y tal vez

pudieron haber sido más días de no coincidir su representación con el comienzo de la Cuaresma, época en que se suspendían los espectáculos teatrales.

Al estreno, el 24 de enero de 1806, en el teatro de la Cruz, acudió Godoy. En otras ciudades donde se representó alcanzó igualmente un considerable éxito. Y como texto impreso consiguió también ventas importantes.

En esta obra, como en casi todas, Moratín aparece bajo el seudónimo de Inarco Celenio, que había adoptado durante su estancia en Roma.

Si en sus comedias suelen figurar cartas, para activar el desarrollo del conflicto, *El sí* no es en eso una excepción; como tampoco lo será en lo que afecta el número habitual de personajes, que no excede de ocho.

Tema

Si consideramos el título de la comedia, tomado de una cita de la última escena de la obra —son palabras que don Diego, el esposo frustrado, dirige principalmente a la madre de la niña prometida—, vemos que parecen advertencia para quienes se confían en la palabra de personas responsables de otras, a quienes no les permiten decidir sobre cuestiones que les atañen moralmente.

Si no hay comunicación franca y respetuosa, la buena educación puede llegar a ser un perjuicio nunca sospechado, por cuanto afecta a las relaciones familiares y a la sociedad. Las diferencias lógicas entre generaciones se salvan con el buen sentido, el diálogo y el afecto reflexivo. De otro modo, el conflicto psicológico alcanzaría dimensiones sociológicas: el problema consigo mismo o con unos pocos, se convierte en

algo lamentable para muchos, y no de manera simplemente superficial.

Dijo Campomanes que la mujer quedaba discrimina-
da en la vida por su falta de instrucción. Efectivamen-
te, la doña Francisca de esta comedia no va a ser algo
distinto a otras esposas, madres y amas de casa (y esta
preparación no siempre se proporciona a las generaciones actuales). Esto, y la falta de medios económi-
cos, van a forzar su natural inclinación en favor de la
decisión materna de una boda de conveniencia. La
ayuda y el consuelo de hijos a padres es aquí argumento utilizado por la futura suegra con demasiadas
implicaciones económicas. Si el dinero puede traer el
bienestar, nunca es seguro de felicidad.

El caso de la niña de la comedia de Moratín pone de
manifiesto la falta de libertad de la mujer de aquel siglo para decidir sobre su vida afectiva y su proyecto
existencial. Ha de casarse a gusto de su madre —se-
cundada por otros familiares—, y el resultado es un
casamiento desigual, tanto de edad como de bienes
de fortuna. Entonces ella finge, deja de ser como de-
searía y desconcierta a quienes están pendientes de
su aceptación definitiva.

Si en el amor caben pasión y reflexión —y siempre
actuación consecuente—, el joven de esta comedia
toma partido por la primera y el hombre maduro por
la segunda. Mas, como ambos son personas discre-
tas, educadas, ponderadas —pero al fin y al cabo
personas, con capacidad de juicio y discernimiento—,
llegan al ansiado equilibrio cuando la virtud se hace
sincera y valiente.

El exceso de autoridad familiar —de hijos respecto a
padres, o de tutelados para tutores— puede conducir
a una farsa que acaba en el desengaño y en el dolor.

La actitud crítica se manifiesta ya en la primera escena; pero en ella sólo se insiste en la diferencia de edades de los futuros esposos, aunque don Diego habla ya de que si salen mal esos matrimonios se debe a que alguno de los interesados actúa sin libertad. Ésta es palabra clave en la obra, y en el siglo XVIII; tanto como capacidad propia del ser humano, como liberación de un uso establecido. En las *Cartas Marruecas* (núm. 75), de Cadalso, una viudita de seis disparatados matrimonios dice: «Todo esto se hubiera remediado si yo me hubiera casado una vez a mi gusto, en lugar de sujetarlo seis veces al de un padre, que cree que la voluntad de una hija es cosa que no debe entrar en cuenta para el casamiento.» Ahí radica precisamente el testimonio de época y la modernidad de la obra. Si puede hablarse de que la trama carezca de auténtica emoción, no falta una heroicidad discreta, como es la renuncia del pretendiente que lleva en verdad el peso de la obra.

Una cuestión que se suscitó a propósito de esta comedia fue la de si era, y hasta qué punto, reflejo de la biografía de Leandro Fernández de Moratín. Hartzenbusch y Escosura llegaron a creer que la vicisitud sentimental de *El sí* era una trasposición de lo que le ocurrió a Moratín. Que algo así le pasó a Moratín —con detalles diferentes—, bien puede ser; pero que también le sucedió a otras personas es cosa bien conocida. Y que la insatisfacción agudiza el sentido crítico y estimula la voluntad de cambio, creemos que también es verdad comprobable. Aunque este tema ya no esté enraizado en nuestra sociedad de hoy, o al menos en una gran parte de ella, la comedia de Moratín no ha perdido enseñanza en lo esencial.

El argumento de *El sí de las niñas* guarda semejanzas con *El viejo y la niña*, y, parcialmente, con otras comedias suyas en cuanto que tratan una cuestión femenina. Al parecer, *El tutor* —obra que destruyera el propio Leandro— fue una primera versión de lo que luego sería *El sí.*

El conde de Aranda, a los sesenta y cinco años, y poco después de quedar viudo, se casó con una sobrina de su mujer que tenía unos cincuenta·años menos que él. Un tío de Moratín contrajo matrimonio, ya mayor, con una joven segoviana, y Leandro lo comentó con sus amigos. Sabina Conti, quizá el primer amor de nuestro escritor, se convirtió en la esposa de un hombre bastante mayor que ella. Y Paquita Muñoz, por la que debió sentir sincero afecto, le sorprendió casándose con un militar que tenía algunos años más que ella también. Ahora bien, en esta familiaridad con los Muñoz ¿buscó de verdad esposa el escritor madrileño?

Si con *El sí* Moratín no trató de contar su historia, sí es probable que de su experiencia personal naciera la idea de escribir la comedia. Pudo expresar su verdad y su visión de ese aspecto de la vida a través del artificio teatral. El resultado es verosímil, pero no tiene por qué ser necesariamente veraz, al menos en su totalidad. Fernando Lázaro Carreter dijo que *El sí de las niñas* era la resolución literaria de un conflicto vital, y Larra creyó que consiguió dignificar un problema que podía haber resultado ridículo.

Personajes

De los siete personajes que intervienen en esta comedia, cuatro son masculinos y tres femeninos. Cuatro pertenecen al rango de señores: don Diego, don Carlos, doña Irene y doña Francisca; y tres al servicio: Simón, Rita y Calamocha. Doña Irene, don Diego y Simón tienen más edad que los demás.

A diferencia de los criados de las comedias del Siglo de Oro, los que aparecen en *El sí* no se introducen en la única acción, más que al servicio de ella. En la escena final de la pieza sólo se ve a Rita, fiel confidente de su ama. Hablando de confidentes, todos los personajes de la clase superior lo tienen; a doña Irene no le hace falta porque todo se lo dice ella.

Los personajes graves son don Diego, don Carlos y doña Francisca. Doña Irene, autoritaria y charlatana insufrible, resulta un carácter cómico. También graciosos resultan los tres criados, cada uno a su manera, y muy especialmente Calamocha, cuyo nombre ya sugiere una condición popular. Tanto Simón, como Calamocha y Rita, resultan serviciales y leales.

Don Diego es el personaje que interviene en más escenas. Siendo un caballero razonador, franco, generoso y comprensivo, se siente atado a la opinión de la gente por el paso que va a dar. A él encomienda Moratín el esfuerzo de arbitrar el desenlace. Domina la ilusión que le habían hecho concebir y libremente consiente en dejar su puesto de esposo de la niña. Con doña Irene sabe ser burlón o enérgico.

Doña Irene es una señora avasalladora, que se mueve por un sentido práctico que raya en egoísmo; habla sin parar y, cuando descansa, escribe cartas. Su hablar, expresivo y orientado hacia sus objetivos marcados, resultó inadecuado para una dama, según algún crítico de la época. Le molesta que fallen sus planes, pero con habilidad sabe sacar partido de la nueva situación.

Doña Francisca —Currita, como le dice chuscamente Calamocha (I, 8)— es una muchacha obediente y jui-

ciosa, que finge ser ingenua, pero que se siente culpa-
ble porque vive la emoción del amor contrariado.
Lee para suplir su falta de mundo, pero tiene buen
discernimiento. Modesta, vive su enamoramiento con
sobriedad y pasión a la vez.

Don Carlos es un joven instruido, buen chico y sumi-
so ante su tío. Su arrojo se revela casi al final de la
obra, en el momento en que doña Irene experimenta
un ataque de ira; en otras escenas es el enamorado
que —sorprendido por la presencia de su tío— no
podría tal vez hacer frente al hecho de que su protec-
tor resultase además su rival.

Por su parte, los criados tienen menos oportunidades
de conseguir una caracterización psicológica más
completa; no obstante, contribuyen eficazmente a la
estructura y desarrollo general de la obra.

Estructura

Generalmente se ha afirmado que esta comedia po-
see un desarrollo sin excesivo aceleramiento, que
está dotada de naturalidad y buen ritmo teatral. A
ello se une cierta ironía, un aire ligeramente melan-
cólico y un desenlace en cierto modo patético, pero
muy en consonancia con la composición moral de
Moratín.

La niña se resiste a decir sí porque no se identifica
sinceramente con ese compromiso, y el futuro esposo
recela de la insistencia de la futura suegra y quiere
oír un sí decididamente convencido y sentido hasta
los límites que él juzga deseables. Como es una obra
en la que prevalece el tema sobre la acción, la cual
está limitada por el espacio y el tiempo —de acuerdo
con la convención neoclásica—, Moratín delimita es-

trictamente el único espacio escénico y juega sutil-
mente con el transcurso de las diez horas y la venida
del día. Con él se hará clara la situación, que alcanzó
su máxima tensión en el momento de la noche en
que don Diego se da cuenta de lo que pasa. Las peri-
pecias han sido mínimas, pero suficientes para llegar
a la justicia poética sobre la que se construyera la trama.

La anécdota dramática se distribuye a lo largo de tres
actos, que tienen 9, 16 y 13 escenas, respectivamente. El acto primero podría dividirse en cinco secuencias que abarcan cada una diferentes escenas: 1, 2-5,
6, 7-8 y 9. El acto segundo tendría siete: 1-5, 6, 7-8, 9,
10-13, 14 y 15-16. Y el tercero incluiría las siguientes:
1-2, 3-4, 5-7, 9-10 y 11-13. De estas secuencias no todas son igualmente importantes; unas son más refle-
xivas o sentenciosas y otras más espontáneas y ágiles.
En cada uno de los actos encontramos algún monólo-
go: I, 5 y 7; II, 1 y 13; III, 4.

El final del acto primero presenta muy bien la línea
ascendente que le corresponde; esta tensión se mantiene en la primera parte del acto segundo, para de-
caer en las escenas 12 —para don Carlos—, y 15 y 16
—para doña Francisca—. El tercer acto se inicia de
una manera delicada y aparentemente sin trascen-
dencia, pero pronto retoma la línea descendente con
que concluía el acto anterior. Vienen a continuación
las dos confesiones de los jóvenes enamorados y se
inicia el desenlace feliz, gracias al equilibrio de quien
supo escuchar e interpretar, en el escaso margen de
tiempo que se había fijado en su reverdecida madu-
rez. Finalmente, doña Irene exclama con entusiasmo:
«Buena elección has tenido...», puesto que nada hay
que objetar al joven oficial, sobrino de quien le hará
heredero de sus bienes.

La lengua

Leandro Fernández de Moratín maneja con soltura el
español moderno y, singularmente, en esta comedia
procuró reflejar un diálogo vivo, en el que abundan
las interrupciones, las frases de estructura sintáctica
incompleta, los modismos, las expresiones coloquia-
les, y, en todo momento, la discreción y el habla educada.

El léxico empleado por Moratín en esta obra no es
tan rico como el de otros escritores, pero no podría
calificársele de pobre o impropio.

La sintaxis es natural, hasta el extremo de incurrir en
algunos descuidos, tales como el empleo reiterado de
«con que» como nexo, el laísmo, etc. Son sus personajes quienes hablan y lo hacen con la negligencia que
corrientemente padecemos.

En lo que concierne al vocabulario moratiniano, hemos de decir que fue moderado en el empleo de
préstamos de otras lenguas: algunos italianismos y
muy pocos galicismos y anglicismos. Creó aproximadamente cuarenta nuevos términos, a partir de elementos griegos o latinos. En alguna ocasión echó
mano de vocablos propios de otras zonas lingüísticas
de España: Galicia, Cataluña, Valencia, pero en un
sentido más bien gráfico que estilístico.

Antecedentes e imitadores

Ateniéndonos al tema de bodas concertadas sin ex-
presa voluntad de las dos partes —entre las que puede haber diferencias de edad y de escala social—,
pueden recordarse bastantes obras de teatro con las
que presentan analogías: la *Comedia de Armelina* y la

Comedia de los engañados, de Lope de Rueda; *El Dómine Lucas,* de Lope de Vega; *Marta la piadosa,* de Tirso de Molina.

Sobre los problemas de una educación equivocada —pese a la buena intención y al uso de la época— y la victoria del amor frente a las dificultades, hay varias comedias de contemporáneos de Moratín. Así, por ejemplo, *El señorito mimado* y *La señorita malcriada,* de Iriarte; *La petimetra,* de Nicolás Fernández de Moratín; *La escuela de la amistad* y *La cautiva española,* de Forner; *Las bodas de Camacho,* de Meléndez Valdés, o *Los menestrales,* de Trigueros.

Considerando la falta de libertad para elegir marido, se vienen señalando: *Entre bobos anda el juego,* de Rojas Zorrilla; algunas piezas de Molière —como *El avaro* o *La escuela de las mujeres*—, y *La figlia obbediente,* de Goldoni.

Pero la mayor semejanza es la que presenta con *L'école des mères* (1732), de Marivaux, que ya advirtió, en 1934, Sánchez Estevan y que, en 1941, analizó José Francisco Gatti; este último, además, aconseja prudentemente no magnificar la similitud. Se trata de una comedia en un acto y en prosa, cuyos protagonistas cuentan sesenta y diecisiete años, respectivamente. El pretendiente —como nuestro don Diego— teme que se burlen de su proyecto matrimonial, y Marivaux pone de relieve la equivocación de algunas madres en lo que se refiere al casamiento de sus hijas. De esta obra partió don Ramón de la Cruz para componer *El viejo burlado* —también titulada *Lo que son los criados*—; el resultado fue un sainete en el que se acentúa la sátira social. La comedia de Moratín sigue en cierto modo la obra de Marivaux, a partir del acto II.

Otra conexión con la literatura francesa se refiere a algunos detalles de *Le traité nul* (1797), de Marsollier, autor menos conocido que Marivaux.

Ya en el siglo XIX varios escritores imitan el gran éxito de Moratín, continuando el tono crítico y moralizador aplicado a la sociedad española. Tal es el caso de Ventura de la Vega, quien compuso *La crítica de El sí de las niñas* (1848), en prosa y en un acto, para que se representase en el mismo teatro donde se estrenó, esta vez con motivo de conmemorar el aniversario de la muerte de Moratín. Es una obra de teatro dentro del teatro. Un personaje asegura que todos los protagonistas de las comedias de Moratín el joven se parecían unos a otros. Aparece una Paquita con más sentido crítico, y un don Carlos galán de dos damas más. Antes de escribir esta obra, Ventura de la Vega recibió la influencia de Moratín en *El hombre de mundo* (1845).

Otros autores que se fijaron en el teatro moratiniano son: Martínez de la Rosa, en *La niña en la casa y la madre en la máscara;* Bretón de los Herreros, en *A la vejez, viruelas:* el mejicano Gorostiza, con *Las costumbres de antaño* y *Contigo pan y cebolla.* Y, en fecha posterior, Martínez Sierra, en *Juventud, divino tesoro* (1913), y Benavente, en el tratamiento de gran parte de su producción dramática.

Por otra parte, Galdós rememora *El sí* en *La fontana de oro* y en *La corte de Carlos IV.*

BIBLIOGRAFÍA

AGUILAR PIÑAL, Francisco: *Bibliografía de Leandro Fernández de Moratín.* Madrid, Cuadernos bibliográficos, 40, CSIC, 1980.

Da noticia de manuscritos, obras impresas y ediciones, así como de estudios que han suscitado su vida y su obra. Muy útil, a pesar de que no lleva comentarios.

ANDIOC, René: *Teatro y sociedad en el Madrid del siglo XVIII.* Madrid, Castalia, 1976.

Sobre las representaciones teatrales, los aciertos de algunos autores y las disputas de entonces acerca del teatro.

— «El teatro en el siglo XVIII», en la *Historia de la literatura española,* III. Madrid, Taurus, 1980.

Estudia los géneros y subgéneros teatrales y las preferencias del público de la época.

CAMPOS, Jorge: *Teatro y sociedad en España (1780-1820).* Madrid, 1969.

Evaluación del ambiente teatral y de su adecuación al servicio de las Luces.

CASALDUERO, Joaquín: «Forma y sentido de *El sí de las niñas*», en NRFH, XI, 1957, pp. 36-56 (reproducido en *Estudios sobre el teatro español.* Madrid, Gredos, 1981 [4], pp. 233-258).

Buen análisis de los elementos que intervienen en la composición de esta comedia.

CASO GONZÁLEZ, José: «Rococó, neoclasicismo y prerromanticismo en el teatro español del siglo XVIII», en *Cuadernos de la Cátedra Feijoo,* 22. Oviedo, 1970, pp. 7-29.

Interesante conferencia que se ocupa de la periodización literaria de este siglo y analiza brevemente *La petimetra, El delincuente honrado* y *El sí de las niñas* (pp. 26-28).

GATTI, José Francisco: «Moratín y Marivaux», en la *Revista de Filología Hispánica,* 4. 1941, pp. 140-149.

Consideración sensata de las semejanzas apreciadas en *El sí* y en *L'école des mères,* de Marivaux.

HERR, Richard: *España y la revolución del siglo XVIII.* Madrid, Aguilar, 1964.

De lectura bien distribuida y provechosa.

HIGASHITANI, Hidehito: *El teatro de Leandro Fernández de Moratín.* Madrid, Plaza Mayor, 1972.

Interesa sobre todo para la estructura de sus comedias y para sus ideas acerca del teatro.

LÁZARO CARRETER, Fernando: «Moratín en su teatro», en *Cuadernos de la Cátedra Feijoo,* 9. Oviedo, 1961.

Inteligente apreciación de la personalidad de Moratín y de la interpretación autobiográfica de *El sí.*

MANCINI, Guido: «Perfil de Leandro Fernández de Moratín», en *Dos estudios de literatura española,* Barcelona, Planeta, 1970, pp. 203-340.

Para la vida y obras del escritor madrileño.

OLIVER, Antonio: «Verso y prosa en Leandro Fernández de Moratín», en la *Revista de la Universidad de Madrid,* 35. 1960, monográfico sobre Moratín y la sociedad española de su tiempo, pp. 643-674.

Es el artículo de ese número que más se ocupa de la literatura moratiniana.

PALACIO ATARD, Vicente: *Los españoles de la Ilustración.* Madrid, Guadarrama, 1964.

Además del capítulo que se refiere a «La educación de la mujer en Moratín» (pp. 243-267), es digno de mención el primer capítulo como visión de conjunto.

ROSSI, Giuseppe Carlo: *Leandro Fernández de Moratín (Introducción a su vida y obra).* Madrid, Cátedra, 1974.

Bien estructurado y útil, tanto para la historia y la literatura de su tiempo, como para apreciar la significación de Moratín hijo.

SARRAILH, Jean: *La España ilustrada de la segunda mitad del siglo XVIII.* Méjico, FCE, 1957.

Destacamos su primera parte, en la que se evoca la sociedad ilustrada. La densidad de sus páginas no facilita la tarea al lector.

VIVANCO, Luis Felipe: *Moratín y la Ilustración mágica.* Madrid, Taurus, 1972.

De lectura más bien monótona, contiene sin embargo algunas observaciones personales acertadas.

TÍTULOS PUBLICADOS

© GRUPO ANAYA, S. A., 1985
© De esta edición: GRUPO ANAYA, S. A. Juan Ignacio Luca de Tena, 15. 28027
Madrid - Depósito Legal: M.-21.291/1998 - ISBN: 84-207-2634-6 - Impreso en
Josmar, S. A., Artesanía 17. Polígono Industrial de Coslada (Madrid).
Impreso en España/Printed in Spain.